해외영업 사례로 보는

B2B 마케팅 실행 전략

해외영업 사례로 보는

B2B 마케팅 실행 전략

노윤호 지음

한나래플러스

해외영업 사례로 보는
B2B 마케팅 실행 전략

2019년 7월 19일 1판 1쇄 박음
2019년 7월 25일 1판 1쇄 펴냄

지은이 | 노윤호
펴낸이 | 한기철

편집 | 우정은, 이은혜
디자인 | 심예진
마케팅 | 조광재, 신현미

펴낸곳 | 한나래출판사
등록 | 1991. 2. 25. 제22–80호
주소 | 서울시 마포구 토정로 222 한국출판콘텐츠센터 309호
전화 | 02) 738–5637 · 팩스 | 02) 363–5637 · e–mail | hannarae91@naver.com
www.hannarae.net

ISBN 978–89–5566–226–9 13320

* 이 도서의 국립중앙도서관 출판예정도서목록(CIP)은 서지정보유통지원시스템 홈페이지(http://seoji.nl.go.kr)와 국가자료공동목록시스템(http://www.nl.go.kr/kolisnet)에서 이용하실 수 있습니다.(CIP제어번호: CIP2019027717)

들어가는 글

요즘 B2B 관련 내용이 심심찮게 화두에 오른다. B2B 분야가 업계의 주요 이슈가 되고 있고 그에 따라 학문적으로 살펴보고자 하는 관심이 많아지는 것 같다. 그런데 막상 서점에서 B2B 관련 서적을 찾고자 하면 많은 사람들의 관심처럼 B2B에 대한 학문적 체계를 다룬 서적이나 관련 참고 서적을 찾기 쉽지 않다. B2B 관련 서적 또한 많지 않아 B2B에 대한 지적 욕구를 채우기 힘들다. B2B 관련 일부 책은 미국의 사례를 번역하여 한국의 상황과 맞지 않는 부분이 있으며, 한국의 일부 서적은 경험을 기술하고 있으나 내용의 충실도가 미흡한 부분이 적지 않다.

필자는 오랜 시간 B2B 분야에서 일해온 사람으로서 실무자들에게 B2B의 이론적 토대를 제공하면서 우리 현실에 맞는 다양한 사례를 담은 B2B 마케팅 서적이 있으면 좋겠다는 생각을 해왔다. 이 책은 그러한 바람에서 출발된 것으로 독자들이 B2B 관련 개념을 쉽게 이해할 수 있도록 풀어쓰고 현장의 살아 있는 경험을 되도록 풍부히 실었다.

본문은 총 5개의 장으로 구성되어 있다. 1장에서는 B2B 마케팅의 기본이 되는 개념들을 간략히 소개하였다. 2장에서는 B2B 마케팅 전략 수립에 대한 내용을 담았다. 3장에서는 B2B 마케팅 전략 실행에 대한 내용을 구체적으로 소개하였는데, B2B 사업에서는 실행을 통한 경험 축적이 매우 중요하다고 생각하여 이 부분의 서술에 중점을 두고자 했다. 4장에서는 B2B 마케팅에서 점차 그 중요성이 커가고 있는 브랜드 전략에 대해 서술하였다. 그리고 5장에서는 효율적으로 B2B 사업을 전개하고 성과를 창출하기 위한 방안으로 B2B 기본 인프라 구축과 성과 모델에 대해 언급하였다. 각 장별로 다양한 사례를 담아 독자들이 B2B 성공, 실패 사례를 간접적으로 체험할 수 있도록 하였다. 이로써 독자들이 업무 중에 특정 이슈에 대한 해결책을 찾거나, B2B 개념을 현장에 적용할 때 유용하게 활용할 수 있도록 하였다.

대학 졸업 후 가전회사에 입사하여 28여 년을 B2B 분야에서 근무했다. 그중의 절반은 해외에서 보냈다. 중국, 태국, 베트남, 남아공에서 주재원으로 근무했고 쿠웨이트, 인도, 미얀마, 멕시코 등에서 B2B 사업을 일구기 위해 수많은 고객을 만났다. 개인이라면 도저히 할 수 없는 일도 회사라는 조직의 울타리 안에서 이루면서 나름 성공의 단맛과 실패의 쓴맛을 톡톡히 체험했다.

대형 프로젝트를 수주하기 위해 팀을 구성해 며칠 밤을 새워가며 제안서를 만들던 일, 프로젝트 최종입찰을 앞두고 시장의 루머에 휩싸여 고민하던 일, 프로젝트 수주 후 설치 시공을 위해 많은 인원들과 현장에서 땀 흘리던 일, 프로젝트 오너의 클레임에 대응하기 위해 수많은 보고서를 쓰던 일, 아프리카 에어컨 사업을 확대하기 위해 밤새워 전략을 짜던 일, 고객의 분위기를 맞추기 위해 잘 마시지도 못하는 바이주(白酒)를 벌컥벌컥 들이키던 일 등이 주마등처럼 머릿속을 스쳐간다. 그러한 경험을 글로 남기려고 하니 나의 지식과 필력이 부족하여 과연 잘 전달할 수 있을까 하는 두려움이 앞서기도 한다. B2B 사업과 관련하여 조직에서 내가 배우고 체험한 이야기들이 나와 같은 길을 걷는 동료와 후배들에게, 그리고 이 책을 접하는 모든 분들에게 저마다의 의미와 가치로 다가가 조금이나마 도움이 되기를 바란다.

이 글을 쓰는 데 정신적 지주가 된 분은 한국냉동공조산업협회의 노환용 회장님이시다. 노 회장님은 한국 공조 B2B 사업의 산증인으로 한국 냉동공조산업의 역사와 함께하며 공조산업의 발전을 위해 평생을 살아오신 분이다. 그분의 걸어오신 길을 옆에서 보고 배우며 진정한 B2B 사업에 대해 눈뜨게 되었고 업무를 하는 데 많은 배움을 얻었다. 필자가 노환용 회장님을 지근거리에서 뵙고 가르침을 받을 수 있어 무한한 영광이다. 또한 마케팅의 기본을 가르쳐주시며 사업이 어려울 때마다 등대와 같은 역할을 해주신 차국환 부사장님에게도 지면을 빌어 감사의 말씀을 드린다. 그리고 필자가 삶의 길을 잃고 방황할 때 나아갈 방향을 제시해주시고 정신적 멘토가 되어주신 김형환 교수님, 송수용 대표님께도 감사의 마음을 전하고 싶다. 두 분의 가르침으로 나의 내면이 풍성해지고 삶의 희망을 품고 하루하루를 행복하게 맞이할 수 있게 되었다.

아울러 이 책이 독자들과 만날 수 있도록 도움을 주신 한나래출판사의 조광재 상무님과 직원들에게도 감사드린다. 또한 이 책을 읽을 독자들에게 감사의 마음과 응원을 전하고 싶다. 한국에서 B2B 사업은 본격적인 성장을 앞두고 있다. 특히, 중소기업이 한 단계 도약하기 위해서는 사업 영역을 한국에서 해외로 넓혀야 한다. 해외 B2B 사업이 성장하기 위해서는 학문적으로 사업적으로 아직 갈 길이 먼데, 이는 그만큼 B2B 마케팅을 하는 독자들이 해야 할 일이 많다는 이야기로 볼 수 있다. 아무쪼록 이 책이 B2B 사업을 하는 기업과 실무자들의 성장에 조금이라도 기여할 수 있기를 소망한다.

마지막으로 이 책을 집필하는 동안 집안을 돌보지 않는 남편에게 불평 한마디 없이 많은 배려를 해준 아내와 사랑스런 딸들에게 사랑한다고, 고맙다고 전하고 싶다. 오십이 넘은 아들에게 언제나 차 조심 하라고, 밥 잘 챙겨 먹으라고 이르시며 아들이 잘되기만을 빌어주시는 어머니께 이 책을 바친다.

2019년 5월

만물이 성장하는 봄의 끝자락에서

노윤호

차례

3장 B2B 마케팅 전략을 실행하라!

4장 B2B 브랜드 전략으로 성장하라!

5장 B2B 성과를 창출하라!

B2B 마케팅 실행 전략

환경 분석
시장 분석
고객
(customer)
경쟁사
(competitor)
자사
(company)
SWOT(5 forces, GE 매트릭스) 분석
전략 수립
세그멘테이션
(segmentation)
타깃팅
(tageting)
포지셔닝
(positioning)
전략 실행
4P 전략
제품
가격
채널
프로모션
성과 관리
브랜드
성과
인재

MARKETING STRATEGY

1장

B2B 마케팅의 기본부터 배워라!

1 B2B 마케팅 개요

B2B(business to business) 마케팅은 1960년대부터 산업재 마케팅(industrial marketing)이라는 용어로 학문적으로 연구되기 시작하였다. 산업재(제품)에 초점을 맞추어 원료나 부품, 기계 등과 같이 생산에 필요한 중간 제품을 공급하고 기업이나 정부, 비영리단체와 같은 조직구매자를 대상으로 마케팅 활동을 벌이는 것을 산업재 마케팅으로 정의해왔다. 그런데 동일한 제품이라고 하더라도 최종소비자를 대상으로 하는 마케팅과 기업과 같은 조직구매자를 대상으로 하는 마케팅에는 차이가 있다. 1980년대부터 마케팅 분야에서 이러한 차이점을 구분하여 최종소비자를 대상으로 하는 마케팅을 B2C(business to customer) 마케팅으로, 조직구매자를 대상으로 하는 마케팅을 B2B 마케팅으로 부르게 되었다.

지금까지 마케팅의 초점은 주로 B2C에 맞추어져 있었다. B2C 마케팅의 대상은 최종소비자들이다. B2C 마케팅은 마케팅 활동의 주체인 기업이 제품을 생산하고 최종소비자인 고객에게 판매하기까지 행하는 일련의 과정을 말한다. 시장을 세분화하여 목표시장을 선정하고, 고객의 니즈에 맞춘 제품을 생산하고, 생산된 제품을 유통하고, 효율적인 프로모션 등의 수단으로 고객에게 가치를 전달하는 활동이 모두 B2C 마케팅에 해당된다. 오늘날 B2C 시장은 경쟁이 점점 치열해지고 포화 상태에 이르고 있다. B2C 제품의 수익성이 떨어지면서 경쟁에서 도태된 기업들이 하나 둘 늘고 있다. 이러한 상황에서 새로운 돌파구 마련이 필요한 기업들은 성장의 기회 시장인 B2B

에 관심을 기울이게 된다.

B2B는 기업과 기업 간 거래를 말한다. B2C의 사업 영역이 기업과 고객 간의 거래에 해당된다면, B2B의 사업 영역은 기업과 기업 간에 이루어지는 거래에 해당된다. 예를 들어, 고객이 LG전자의 그램(Gram) 노트북을 산다고 하자. 노트북을 가전 매장에서 사는 것은 B2C 영역이다. LG전자는 그램 노트북을 사용하는 최종소비자의 고객 특성, 소비 성향, 제품 사양 등을 조사하여 그에 맞는 제품을 출시하는 일련의 활동을 하고 매출을 활성화하기 위한 마케팅 활동을 한다. 그런데 그램 노트북을 살펴보면 많은 부품으로 이루어져 있다. 핵심 프로세서는 인텔(Intel)의 부품을 사용하고, LCD 디스플레이는 LG 디스플레이에서, 글자판은 중소업체에서 만든 것을 사용한다. 이처럼 여러 가지 부품들(프로세서, LCD 디스플레이, 글자판 등)을 생산해서 LG전자에 납품하는 일련의 과정이 B2B 거래이다. B2B 거래를 할 때에 부품업체가 고객(LG전자)의 니즈를 파악하고 고객이 원하는 부품을 원하는 시점에 원하는 가격으로 납품하기 위하여 행하는 전반적인 활동이 B2B 마케팅에 속한다.

B2B 마케팅 영역은 B2C 영역보다 훨씬 광범위하다. B2C 마케팅은 기업이 최종소비자에게 상품을 판매하는 영역에 국한된다면, B2B 마케팅 영역은 원재료부터 중간재 단계를 거쳐 최종제품을 생산하는 기업에 이르기까지 여러 단계의 사업 영역에 걸쳐 있으며 최종제품도 조직구매자에게 판매되는 경우에는 B2B 마케팅 영역이다. 예를 들어, 자동차를 최종소비자에게 판매하는 것은 B2C 영역이며 렌터카 회사에 대량으로 납품하는 것은 B2B 영역이다. 자동차 1대를 생산하기 위해서는 약 2만 개의 부품이 필요하다고 한다. 예

를 들어 철광석을 생산하는 기업은 제철 기업과 거래를 하고, 제철 기업은 철판을 생산해 자동차 부품 회사와 거래를 하고, 자동차 부품 회사는 차량도어를 생산해 자동차 회사로 판매한다. 이러한 과정에서 기업 간 거래에 해당하는 모든 영역이 B2B 거래이며 B2B 마케팅이 필요한 영역이다.

그동안 B2B 기업들은 상대적으로 소수의 기업들과 거래하면서 QCD(품질, 가격, 납기)를 잘 대응하여 납품업체에 제품을 공급해왔다. 또한 B2B 영업은 제품 수명주기가 상대적으로 긴 기간이므로 마케팅의 필요를 크게 느끼지 못했다. 예를 들어, 카오디오를 생산하는 LG전자가 독일의 BMW에 카오디오를 납품한다고 하자. LG전자는 BMW의 카오디오 공급업체(vender)로 선정되기 위해 다양한 영업활동을 전개한다. BMW의 차량 생산 계획을 입수하고 그 차량에 적합한 카오디오 샘플을 BMW에 제안한다. BMW는 차기 생산 모델에 LG전자 카오디오를 설치하여 성능을 검증한다. 성능이 검증되면 BMW와 LG전자 간 납품 계약이 체결되고, 차기 BMW 모델이 생산될 때 LG전자의 카오디오가 장착되며, 동 자동차 모델이 단종될 때까지 LG전자는 카오디오를 납품하게 된다.

이처럼 과거 B2B 사업에서는 한번 거래가 성사되면 대개 지속적, 안정적으로 관계가 이루어지기 때문에 마케팅 활동의 비중이 크지 않았다. 그러나 오늘날 IT기술의 발달과 글로벌 경쟁업체의 출현으로 BMW와 같은 구매기업은 다양한 공급업체로부터 제안을 받는다. 구매 기업의 요구는 점점 더 다양해지고 공급업체 간 경쟁은 더욱 심화되고 있다. 이에 B2B 기업 역시 고객의 다양한 요구에 맞추어 차별화된 가치를 제공할 필요성이 대두되었다. 목표고객을 선정하고, 고객의 니즈를 분석하고, 차별화된 가치를 제공하며, B2B 브랜드 마케팅을 하지 않으면 경쟁에서 도태될 위기에 직면하게 되었다.

이러한 환경 변화는 앞으로 더욱 빨라질 것으로 예상된다. 그러므로 B2B 기업은 변화하는 환경에 맞추어 지속적인 고객관계 강화를 위한 역량을 제고하고 마케팅 활동을 강화하는 '전략적 가치 영업'을 펼쳐나가야 한다. 즉 고객에게 가치를 제공해줄 수 있는 영업 목표를 수립하고, 구매영향력 있는 조직 구조를 분석하여 고객을 이끌어갈 수 있는 전략적 대안을 제시할 수 있어야 한다. 또한 현재 실적에 대한 성과를 분석하고 잠재적 경쟁자를 파악하는 한편, 고객성향을 분석하여 고객별 차별화된 전략을 수립·실행해야 한다.

2 B2B 고객

B2C 마케팅에서는 고객을 최종소비자로 보고 최종소비자 대상의 마케팅 활동을 실시한다. TV를 생산하는 업체는 TV 구매고객의 특성을 파악하기 위해 TV 구매 시 크기(인치)를 중요시하는지, 해상도를 중요시하는지, 브랜드를 중요시하는지, 아니면 가격을 선호하는지를 파악하여 고객에 맞는 차별화된 상품을 기획하고, 생산하고, 유통시키는 마케팅 전략을 수립할 수 있다.

그러나 B2B 마케팅에서는 고객의 니즈를 정의하기가 쉽지 않다. B2B 마케팅의 대상은 기업고객이므로 기업의 의사결정 프로세스를 이해해야 하고, 의사결정 과정에 참여하는 조직별 역할에 대해서도 이해하여야 한다. 구매에 참여하는 의사결정 조직을 통상 '구매센터'라고 부른다. 구매센터는 기업의 구매팀과는 다른 가상의 조직이다. 즉 구매에 관계되는 다양한 이해관계자들이 참여하여 구매센터의 구성을 이룬다. 구매센터의 조직 구성과 역할을 이해하면 B2B 기업의 니즈를 파악할 수 있다. B2B 기업의 니즈는 기업고객 구매센터의 구매정책을 통해 표현된다.

B2B 거래에는 통상 제품을 구매하는 부서, 품질을 검증하는 부서, 그리고 사용하는 부서가 별도로 존재하는데 각 부서별 니즈가 상이하기 때문에 이들의 니즈를 만족시켜야 한다. 최종 결정은 구매센터에서 한다. 예를 들어 자동차 제조사에서 신차에 사용할 타이어를 구매한다고 하자. 이때 제품 구매를 희망하는 부서는 개발담당자일 것이다. 개발담당자는 차의 속력과 내구성에 맞는 타이어 사양을 확정하여 구매를 의뢰한다. 구매부서는 타이어 사양을 후보업체에 전달하여 사양에 맞는 제품의 견적을 요청한다. 품질부서는 타이어의 사양과 실물의 사양을 비교·검토하여 결과를 구매센터에 제출한다. 사양이 승인된 브랜드 중에서 업체의 생산능력, 납기준수율 등을 검토하며 기획부서에서는 구매예산 범위를 고려한다. 이와 같이 구매센터 내부에서도 각 담당부서별 요구사항이 상이하기 때문에 최종적으로 구매센터의 의사결정자가 구매에 대한 결정을 내리고 구매팀에서는 결정된 사항에 따라 주문을 낸다.

구매센터의 구성원들은 주어진 역할에 따라 다음과 같이 나누어볼 수 있다.

- **사용자**(users): 제품이나 서비스를 직접 사용하는 당사자들이다. 때에 따라서는 이들의 의견이 어느 회사의 어떤 제품을 구매할지를 결정하는 데 중요한 역할을 하기도 한다.
- **인플루언서**(influencers): 제품의 품질, 기술력 정도를 비교하여 구매의사 결정에 영향력을 행사하는 이들이다. 제품에 대해 전문가적 지식을 갖춘 기술 인력, 내외부 전문가들이 많으며 종종 제품이나 서비스 구매에 결정적인 역할을 한다.
- **결정자**(deciders): 제시된 제품이나 서비스에 대해 최종적으로 브랜드 또는 제품, 모델을 결정하는 사람이다. 주로 구매센터의 장이나 회사의 최고 책임자가 많다.
- **구매자**(buyers): 공급자를 선택하고 구매조직을 조정할 수 있는 권한을 지닌 이들이다. 구매자는 공급업체와 협상을 하고 구매계약서를 체결하며, 제품명세서를 만들기도 한다. 때로는 구매를 집행하는 자와 승인하는 자를 나누기도 한다.
- **문지기**(gate keepers): 제품, 서비스 구매에 관련된 의사결정을 돕고 구매일정을 맞출 수 있도록 지원·관리하는 역할을 한다.

이와 같이 구매센터의 구성원은 다양하기 때문에 각 부문의 니즈가 다를 수 있으며, 구매의사결정에 미치는 영향력도 다르다. 따라서 B2B 마케팅을 할 때에는 구매센터의 조직과 각 구성원의 정보를 파악해야 하며, 그중 의사결정에 중요한 역할을 하는 키맨(keyman)을 파악하여 개별적으로 맞춤전략을 수립해야 한다.

구매센터의 구매에 영향을 미치는 주요 변수로는 크게 환경, 조직, 집단, 개인 등이 있다. 환경변수에는 제품·서비스 기술의 발전

속도, 국내외 경제적 상황, 공급업체의 노동환경, 국제무역 관계 등이 있다. 조직변수로는 구매조직 내의 구매형태가 중앙집중식인지 지방분권적인지가 영향을 미칠 수 있다. 또 구매부서의 권한과 역할에 따른 내부 조직변수가 있을 수 있다. 집단변수로는 그룹 내 구매행태, 역할, 상대적 영향력과 구매의사결정 참여자들의 상호 영향력 행사 등이 있을 수 있다. 마지막으로 구매담당자 개인의 구매 성향, 과거 구매 경험, 구매 관련 동기 등의 개인변수도 고려해야 한다.

구매센터의 크기도 영업활동에 중요한 요소이다. 작은 소모품이나 구매금액이 적은 부품일 경우 구매담당자 선에서 결정하여 진행할 수 있지만 신규 부품, 중요한 부품, 금액이 큰 부품일 경우에는 구매의사결정이 길어질 수 있다. 프로젝트의 경우에는 프로젝트의 크기와 납기 등에 따라서 구매의사결정이 조정될 수 있는 상황이 발생한다. 따라서 B2B 마케터는 이러한 위험을 고려하여 사전에 충분한 정보를 파악하고, 구매센터 구성원들의 개별 니즈를 충족시키기 위해 노력하며 제품 성능에 대해 다양한 정보를 제공해야 한다.

구매의사결정 시 구매센터는 자칫 부품 단품의 구매에 치중할 수도 있다. 이럴 경우 B2B 마케터는 제품 설치, 서비스, 타제품과의 연결성 등을 고려해 제품의 성능이 최대한 발휘될 수 있도록 전체적인 검토를 해서 제안을 해야 한다. 단순히 제품만 제안하는 것이 아니라 고객의 관점에서 생각하고 고객의 가치를 높여줄 수 있는 제안을 해야 한다. 그럴 때 고객의 관심을 받게 되고 수주, 매출로 연결되는 효과를 거둘 수 있다. 예를 들어, 시스템 에어컨 사업의 경우에는 제품만이 아니라 최적의 설치 조건, 설치비, 유지보수 등 에어컨 전반에 대한 통합 솔루션을 고객에게 제안해야 한다. 아울러 에너지 효율을 고려하여 고객의 투자비 회수 기간을 검토하고, 대형 프로젝트인 경우에는 시스템 에어컨과 타시스템(예를 들어 빌딩관리시스템)과의 연동을 검토하는 등 고객이 가치를 느낄 수 있도록 고객 관점의 가치 제안을 해야 한다.

이상과 같이 B2B 마케터는 구매센터 이해관계사(구매자, 사용자, 승인자, 인플루언서 등)의 역할과 영향력을 파악하여 대응해야 한다. 특히, B2B 사업의 특성상 한번 맺은 사업관계는 지속적으로 유지될 수 있으므로 구매센터 키맨과의 고객관계관리를 해나가야 한다.

3 B2B 시장의 특징

B2B 마케팅을 잘하려면 B2B 시장의 특징을 깊이 이해해야 한다. B2C 시장과 비교했을 때 B2B 시장의 특징은 무엇인지 하나하나 짚어보자.

• **산업재의 복잡성**

B2B 시장은 기업 간 거래에서 산업재로 불리듯이 B2C 제품 생산의 중간재 역할을 하는 재료와 부품, 제품 생산에 필요한 장치, 설비와 기타 소모성 자재 등으로 이루어진다. 산업재는 매우 복잡하기 때문에 B2B 제품 구매에는 구매센터와 같은 구매 전문가 집단이 필요하다. 이러한 특수 상황이나 제품 구매의 다양성으로 산업재 구매에 있어서 전문가의 역할이 점차 중요해지는 것이다. 예를

들면, 상업용 에어컨의 거래에서도 대부분 설비담당자나 기계담당자가 에어컨 전문가가 아니기 때문에 영업담당자가 제품 지식과 엔지니어링 역량을 기반으로 고객에게 제품에 대한 설명을 상세히 해주어야 한다.

- **파생수요**

B2B 제품의 수요는 주로 B2C 고객의 수요에 의해 결정되는 파생수요(derived demand)이다. 따라서 B2B 기업은 자사의 제품을 직접적으로 구매하는 기업고객뿐만 아니라 고객사의 고객까지도 이해하려고 노력해야 한다. 한편, 이러한 특성을 활용해 최종고객에게 자사의 제품과 서비스를 알림으로써 최종고객이 B2B 고객사에 자사의 제품이 포함된 제품을 구매하도록 유도할 수도 있다.
예를 들면, 상업용 에어컨의 경우에는 건설 경기나 아파트 신축 동향에 따라서 수요가 민감하다. 에어컨을 만들기 위해서는 철판, 동파이프, 컴프레서, 모터 등 여러 가지 부품이 필요하다. 철판을 만드는 회사 포스코는 철광석을 구매해 철판을 생산·제련하여 공급하고, 동파이프를 만드는 회사 풍산은 원재료인 동을 구매해 동파이프를 공급한다. 최종고객의 수요에 따라 상업용 에어컨의 수요가 파생되므로 B2B 기업들은 파생수요라는 측면에서 자사 제품 수요의 원천이 어느 시장에서부터 발생하는지 파악하여야 한다. 시장을 바라볼 때 직접고객뿐만 아니라 2차, 3차 고객까지 헤아릴 수 있는 넓은 시야를 가져야 하는 것이다.

• 구매자의 집중

B2C는 다양한 고객이 다양한 지역에 있으므로 목표고객을 타깃팅하여 마케팅 활동을 할 수 있다. 반면 B2B 마케터는 비교적 소수의 잠재고객을 보유하고 있다. B2B 시장에서는 몇몇 소수의 구매자가 매출의 대부분을 차지하는 경우가 많다. 대형 산업재 마케팅의 경우에는 더더욱 소수의 구매자에게 집중되어 있다. 그러므로 B2B 마케팅 담당자는 고객에게 직접 전화를 걸거나 방문하여 상담을 통해 고객의 니즈와 요구사항을 파악하고 대응할 수 있다.

• 구매센터

앞에서 언급한 바와 같이 기업 간 거래인 B2B에는 제안자, 사용자, 인플루언서, 의사결정자, 승인자, 구매자, 정보관리자 등등 다수의 부서, 인원이 구매의사결정에 참여한다. 다양한 부서의 인원이 구매센터를 통해 구매의사결정을 내리는 것이 소비재 구매와 다른 점이다. 구매센터는 실제로 존재하는 조직일 수도 있고, 가상의 조직으로서 구매의사결정이 필요한 시점에만 정보관리자나 구매자의 요청에 의해 한시적으로 구성될 수도 있다.

• 기술의 중요성

B2B 제품의 경쟁력에는 제품의 기술수준과 공급업체의 전반적인 기술력이 중요한 요인으로 작용한다. 뛰어난 기술과 성능으로 업계의 표준이 되면 해당 분야의 시장에서 경쟁적 우위를 차지하게 된다. 인텔의 경우 매출의 10%를 연구개발에 투자할 만큼 기술을 중요시한다고 한다. 이처럼 주요 B2B 업체들은 연구개발에 많은

투자를 함으로써 경쟁사와 차별화된 기술력으로 고객의 니즈를 충족시키고 있다.

- **구매자와 판매자 간의 관계**

B2B 시장에서는 기업고객과의 지속적 관계 유지를 위한 고객관계관리(customer relationship management, CRM)를 중요시한다. B2B 특성상 구매자와 판매자 간의 거래가 보통 장기적으로 지속되기 때문에 기업 상호 간의 신뢰도 유지는 매우 중요하다. B2B 제품의 특성상 기업고객이 원하는 스펙(specification)을 맞춰주는 고객 맞춤형 제품 생산이 일반적으로 이루어지고 있다. 자동차 업계에서는 신차 개발의 초기 단계부터 부품업체와 자동차업체가 도면을 공유하고 일정을 맞추는 등 밀접한 관계를 유지한다. 개발 단계에서부터 고객과 협력관계를 잘 유지하면 이후 수주 물량을 확보하는 데 유리한 위치에 서게 된다.

- **제품정책**

B2B 제품은 기술, 제품 특성, 기능적 요인에 기초하여 판매가 이루어진다. 이는 구매자의 합리적인 구매선택에 따른 결과라 할 수 있다. 제품이 범용화될수록 시장의 경쟁은 치열해지기 마련이다. 그 때문에 지속적인 시장 유지를 위한 제품 공급업체의 마케팅 노력이 B2B 제품정책의 핵심 요소가 된다. B2B 시장에서 제품 차별화는 기술력 향상이나 제품에 수반되는 서비스의 향상으로부터 비롯된다. B2B 제품 공급업체는 기술적 특성, 납기 준수, 신속한 서비스 등으로 제품 차별화를 유지해야 한다.

[표 1-1] B2B와 B2C의 차이

구분	B2B 시장	B2C 시장
상품	장치, 설비 등 산업재	완성품 소비재
고객	특정 산업, 상대적으로 명확한 소스	불특정 다수
구매 주체	구매센터 등 조직 구매자	개인 소비자 또는 관계자
고객 관계	고객관계관리가 중요함	브랜드 충성도가 중요함
유통 구조	상대적으로 단순함(직접, 간접)	다양하고 복잡함
마케팅	1:1 마케팅, 인적판매가 중요함	수요 창출을 위한 매스 마케팅(mass marketing) 활동이 중요함

- **판매촉진 수단**

B2B 제품은 구매자들의 심리적 속성이 달라 TV광고와 같은 판매촉진 수단의 영향을 크게 받지 않는다. 제품의 성능과 가격경쟁력이 구매의사결정에 중요한 요소이다. B2B에서는 효율적인 판매촉진 수단으로 신제품 발표회, 제품 전시회, 기술 세미나 등을 주로 활용한다. 특히 전시회의 경우에는 구매자와의 계약 체결, 자사 제품과 자사에 대한 홍보, 유통업체 모집, 기술 트렌드 파악, 시장조사, 경쟁사 분석 등을 위해서도 활용된다. 에어컨 업계의 경우를 보면 주로 고객 대상 1:1 제품 세미나, 기술 세미나를 개최하거나 공장 방문, 제품설치현장 방문과 같은 레퍼런스 투어를 주요한 판매촉진 수단으로 활용한다. 이러한 세미나 활동을 통해 판매촉진은 물론 영업사원 간 관계가 더욱 돈독해질 수 있다.

• **유통채널**

B2C 시장에서는 유통채널 관리가 중요한 마케팅 요소이나 B2B 시장에서는 상대적으로 중요도가 떨어진다. B2B 시장에서는 B2B 제품을 고객사 또는 현장에 직접 배송해야 하므로 공급망 관리(supply chain management, SCM)나 물류 관리(physical distribution management, PDM)가 유통 면에서 더욱 중요하다. 물론 일부 표준화된 B2B 사업에서는 대리점이나 에이전트 등의 유통망을 통해 거래가 이루어지는 경우도 있다. 또한 애플, BMW 등과 같은 대형 B2B 고객은 영업 조직 내에 KAM(key account management)팀을 운영하면서 KAM 고객의 영업, 엔지니어링 관련 이슈를 전담해 대응·처리하고 있다.

• **시장의 국제화**

IT인프라와 정보시스템의 발달로 구매형태가 한 국가를 넘어 글로벌 구매로 변화되고 있다. B2B 제품도 글로벌 경쟁에서 차별화되어야 경쟁력을 갖출 수 있다. 일반적으로 B2B 제품은 제품 스펙이 차별화되어 있으면 글로벌 시장으로 영업활동을 확대할 여지가 있다. 해당 국가의 상관습, 대금결제, 물류, 통관 등의 역량을 확보하면 시장을 확대할 수 있는 기회로 작용한다.

MARKETING STRATEGY

2장

B2B 마케팅 전략을 수립하라!

1 마켓센싱
2 시장환경 분석
3 전략 마케팅 툴
4 세그멘테이션
5 타깃팅
6 포지셔닝

1 마켓센싱

유능한 마케터는 시장을 보는 안목을 갖추어야 한다. 시장을 보는 안목이란 시장의 트렌드를 파악하는 능력, 즉 마켓센싱(market sensing) 능력을 말한다. 그렇다면 어떻게 마켓센싱 능력을 갖출 수 있을까? 샤오미의 창업자 레이쥔(雷軍)의 말은 의미심장하다. "성공은 성실함만으로 이룰 수 없다. 가장 유망한 시장을 찾아 흐름을 타야 한다. 태풍의 길목에 서면 돼지도 날릴 수 있다."

마켓센싱이란, 시장 데이터를 분석하고 학습함으로써 시장 전체의 종합적인 흐름을 이해하고 시장에 대한 감각을 끊임없이 유지해나가는 것이다. 골프를 잘 치는 사람과 그렇지 못한 사람의 차이는 성공과 실패의 요인을 잘 파악하느냐에 달려 있다. 실력이 나날이 좋아지는 사람을 보면 공이 잘 맞지 않는 원인을 파악하기 위해 애쓰고 자세를 바꾸거나 방향을 바꾸는 등 피드백을 통해 감각을 회복한다. B2B 마케팅을 잘하는 기업과 잘하지 못하는 기업의 차이도 마찬가지다. B2B 마케팅을 잘하는 기업은 시장에 대한 감각을 잃지 않기 위해 지속적인 마켓센싱 활동을 한다.

펜실베이니아대학교 와튼스쿨의 교수인 조지데이(George Day)는 "마켓센싱은 시장에서 일어나는 모든 것에 대하여 체계적으로 분석하고 학습하며 끊임없이 감각을 유지해가는 것"이라고 정의하였다. 다시 말해 마켓센싱은 '시장에 대한 감각을 유지하면서 변화를 예측하고 시장을 주도하는 역량을 갖추는 활동'이라고 볼 수 있다. B2B 마케터는 이러한 마켓센싱을 통해 제품에 대한 차별성을 유지하고 고객 대응에 대한 유연성을 확보하여 마켓 리더십을 발휘할 수 있다.

마켓센싱 역량을 높이는 방법은 세 가지로 요약할 수 있다.

- 첫째, 제품에 대한 다양한 지식과 자료를 보유한다.
- 둘째, 고객 및 경쟁사의 동향을 파악한다.
- 셋째, 미래의 기술 트렌드에 대한 지식과 분석하는 능력을 키운다.

마켓센싱을 통해 시장선도력을 강화하고 기술개발을 주도하며 유연성을 가져야 한다. 마켓센싱을 통해 고객 관점의 신규 수요를 창출하고 경쟁사에 한발 앞서 시장을 파악함으로써 지속적인 경쟁우위와 시장선도력을 확보할 수 있다.

그렇다면 시장의 범위를 어떻게 볼 것인가? 과거에는 한국시장만 보고도 B2B 사업을 할 수 있었다. 그러나 지금은 지구촌이라는 말이 무색할 정도로 시장이 글로벌화되어 있다. 지구 반대편의 기업이 경쟁사가 되는가 하면 납품업체가 되기 위해 연락을 취하기도 하는 세상이다. GM과 같은 자동차 회사는 글로벌 생산지를 세우고 대륙별, 국가별로 시장에 맞는 차종을 생산하고 있다. GM은 해당 국가별로 자동차 시장 조사를 통해 고객의 니즈를 파악하여 그에 맞는 마케팅 전략을 수립한다. 마켓센싱을 통해 시장 트렌드에 맞는 디자인과 성능을 갖춘 자동차, 경쟁사와 차별화된 자동차를 생산하여 고객의 니즈를 충족시키고 때로는 시장의 방향을 선도한다.

요컨대 B2B 마케팅의 출발은 마켓센싱에 있다는 점을 기억하자. B2B 마케터는 항상 시장중심, 고객중심의 마케팅을 해야 하며 이를 위해서는 시장에 대한 감각을 잃지 않도록 마켓센싱 활동에 노력을 기울여야 한다.

2 시장환경 분석

성공적인 전략을 수립하기 위해서는 비즈니스 시장, 환경에 대한 분석이 선행되어야 한다. 객관적인 시장환경에 근거하여 시장을 분석하면 전략 수립 방향이 명확해진다. 그런데 B2B 시장에 대해서는 명확한 데이터를 확보하기가 쉽지 않다. 또 수집한 데이터의 객관성을 확보하기도 쉽지 않다. 마케팅 전략 수립을 위한 기본적인 환경 분석 요소는 고객(customer), 경쟁사(competitor), 자사(company)로 대변되며 이를 3C라고도 한다. 3C 이외에 경제, 법률, 제도, 환율 등과 같은 거시적 시장 변수와 원자재 공급, 대체재 유무 등도 함께 고려해야 한다.

2-1 시장 분석

시장 분석은 사회, 기술, 경제, 환경, 정치, 글로벌 환경의 변화 등 다방변의 분석을 통해 의미 있는 전략을 도출하기 위한 수단이다.

- **사회 분석**: 국가의 사회적 문화적 요소와 인구 구성의 변화를 파악한다.
- **기술 분석**: 해당 산업의 기술 및 대체재와 보완재 기술의 발전 현황을 파악한다. 원료 공급 관련 기술의 발전 현황, 고객의 삶을 변화시키는 기술의 발전 현황 등을 파악한다.
- **경제 분석**: 거시경제지표, 소비자의 소득수준, 생산지수, 환율, 유가 등을 파악한다.
- **환경 분석**: 사회적인 환경보호 인식 정도, 환경 관련 단체들의 영향력 등을 파악한다.
- **정치 분석**: 사회, 경제, 기술, 환경 등에 영향을 미치는 법률 및 제도를 파악한다.

이상과 같은 시장 분석의 범위는 매우 광범위하다. 그러므로 해당 B2B 산업에 영향을 미치는 부분을 중심으로 내용을 파악하고 분석해야 한다.

2-2 고객 분석

마케팅 활동의 목적은 자사의 제품이 고객에게 더 많은 가치를 제공한다고 느끼게 하여 자사 제품을 구매하도록 유도하는 것이다. 제품을 구매하는 고객은 그 제품이 경쟁제품보다 더욱 큰 가치를 제공한다고 믿기 때문에 사는 것이다. 그런데 고객이 판단하는 가치의 기준은 사람마다 다르다. 같은 종류의 제품이라고 하더라도 고객이 중시하는 가치는 제품의 기능, 사용자 편의성, 가격 등 제각각이다.

B2B 마케터는 직접고객뿐만 아니라 고객의 고객까지 범위를 넓혀 그들의 행태를 파악하고 니즈를 세밀히 파악해야 한다. 이로써 자사의 판매전략과 생산계획을 효율적으로 조절할 수 있다. B2B 마케팅의 주요 대상은 기업고객이므로 그들의 성향을 파악하는 것도 중요하다.

2-3 경쟁사 분석

경쟁사 분석을 위해서는 경쟁 대상이 누구인지를 우선 파악해야 한다. 경쟁 대상에는 고객의 결정에 따라 직접적으로 자사의 제품을 대체할 수 있는 업체뿐만 아니라, 오랫동안 비슷한 전략을 구사해온 기업이 포함된다.

경쟁사 분석은 향후 마케팅 전략 방향 수립에 매우 중요한 요소이므로 가능한 한 구체적으로 정보를 파악하고 진행해야 한다. 경쟁사 제품과의 비교분석은 기본이며, 경쟁사의 사업 방향과 전략 방향을 확인하고 경영진 분석도 실시한다. 또 제품, 가격, 채널, 판촉 전략 등 제반 정보를 파악하고 분석해야 한다.

2-4 자사 분석

기업의 자사 역량을 분석하는 기법에는 전통적으로 BCG 매트릭스, 마이클 포터(Michael Porter)의 밸류체인 분석, 제이 바니(Jay Barney)의 VRIO 분석 모델 등이 있다.

첫 번째, BCG 매트릭스는 미국의 보스턴컨설팅그룹(Boston Consulting Group, BCG)이 개발한 전략평가 기법이다. BCG는 기업이 전략을 결정할 때 상대적 시장점유율(market share rate)과 시장성장률(market growth rate)을 고려한다고 가정한다. 이 두 가지 기준으로 스타, 물음표, 도그, 캐시카우의 4분면으로 영역을 나눈 것이다.

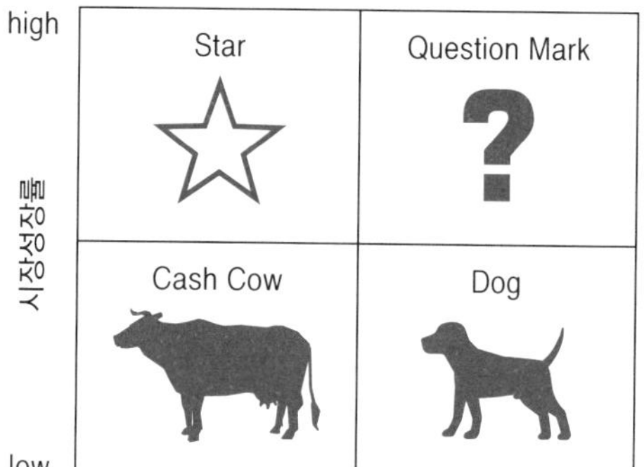

[그림 2-1] BCG의 시장성장률 및 시장점유율 매트릭스

시장성장률은 산업별로 성장률의 차이가 있으므로 해당 산업의 평균성장률을 기준으로 삼을 수 있다. 상대적 시장점유율은 자사의 매출을 동일 업종 경쟁자의 최대 매출로 나눈 것이다.

스타(Star)는 높은 시장점유율과 시장성장률을 갖고 있는 사업 영역으로 투자와 마케팅에서 대규모의 투자를 요구한다. 스타 영역에 속하는 사업은 머지않아 강력한 현금흐름을 창출하고 현금투자와 현금창출 간의 균형을 이룰 수 있다.

캐시카우(Cash cow)는 낮은 성장률과 높은 시장점유율을 갖고 있는 영역으로 여기에 속하는 제품은 성숙시장에 있으며 현금흐름 창출의 원천이 된다. 이 시장의 제품 투자는 보수적으로 진행하고 지속적으로 현금을 창출하여야 한다.

도그(Dogs)는 낮은 성장률과 낮은 점유율을 갖고 있는 영역으로 비경쟁적인 비용 구조를 갖고 있다. 따라서 도그 영역에 속하는 제품은 전방위적인 경쟁을 통한 마케팅 투자보다는 시장 세분화를 통해 보다 경쟁력이 있는 니치마켓에 집중하여 이익을 창출하거나 퇴출 전략을 실행해야 한다.

물음표(Question Mark)는 높은 성장률과 낮은 점유율을 갖는 영역으로 여기에 속하는 제품에 대해서는 빠르게 성장하는 시장에 맞추어 스타로 키울 것인가, 시장을 포기할 것인가의 전략적 의사결정이 필요하다. 즉 유망한 제품에 대해서는 현금투자를 확대해 시장점유율 증가를 꾀하고, 경쟁사와 비교하여 매력도가 떨어지는 제품에 대해서는 추가적 현금투자를 지양하고 퇴출을 고려해야 한다.

두 번째, 마이클 포터의 밸류체인 분석은 기업의 자원 배분을 최적화하기 위해서 기업의 내부 핵심 역량이 외부 경쟁환경과 어떻게 통합될 수 있는지를 제시한다. 밸류체인 분석은 구매 → 제조 → 유통 → 마케팅 → 판매 → 서비스에 이르는 전 프로세스 참여자들의 가치창조 활동을 포함한다.

세 번째, VRIO 모델은 기업이 보유한 자원(경쟁우위의 촉매제인 개별적인 자원)을 가치(value), 희소성(rarity), 모방불가능성(inimitability), 조직(organization)의 네 가지 기준으로 단계적으로 묻고 평가하는 분석 기법이다. 먼저, 기업의 자원은 '가치' 있는 것이 되기 위해 수익을 증가시키거나 비용을 줄이는 방향으로 나아가야 한다. 경쟁우위를 창출하기 위해 다수의 기업이 소유하고 있지 않은 '희소성'을 지녀야 하며, 미래에도 '모방불가능한' 경쟁우위를 지녀야 한다. 그리고 궁극적으로 조직(기업)은 위 세 가지 기준을 충족시키는 자원(귀중하고, 희귀하고, 모방불가능한 자원)을 활용할 수 있는 능력을 보유하고 있어야 한다.

3 전략 마케팅 툴

시장환경 분석을 하고 나서 마케팅 전략을 수립하는 방법에는 SWOT 분석, 마이클 포터의 5 forces 분석, GE 매트릭스 분석 등 다양한 마케팅 툴이 있다.

3-1 SWOT 분석

SWOT 분석은 내부요인 분석과 외부요인 분석을 통해 기업의 사업 경쟁력을 분석하는 가장 일반적인 툴이다. 내부요인으로는 기업의 강점과 약점을 분석하고, 외부요인으로는 시장변화가 기업의 기회요인이 되는지 위협요인이 되는지를 분석하여 2×2 도표로 정리한다. 아래 그림과 같이 기업의 강점과 약점을 정리하고, 외부요인을 기회요인과 위협요인으로 정리한 후 분석 자료에 맞추어 2×2 도표에서 기업의 전략 방향을 수립할 수 있다.

	강점(Strength)	약점(Weakness)
내부요인	• 브랜드 이미지 • 가격 경쟁력 • 품질 경쟁력 • 서비스 경쟁력 • 유통망 • 영업역량 • 인적자원, 조직구조	• 취약한 재무구조 • 제품 품질 • 기술력 • 낮은 생산성 • 영업역량 • 비효율적 조직구조 • 마켓센싱 역량
	기회(Opportunity)	**위협(Threat)**
외부요인	• 시장규모 • 경제 활성화 • 정부 정책 • 해외 진출 • 산업 발달 • 인구 구조	• 사양산업 • 대체제 등장 • 비호의적인 정책 • 해외 경쟁자 진입 • 경기 침체 • 인구 감소

	강점(S)	약점(W)
기회(O)	S-O 전략 : 공격적 투자	W-O 전략 : 약점 강화
위협(T)	S-T 전략 : 차별화	W-T 전략 : 철수

[그림 2-2] SWOT 분석

SWOT 분석을 통해 기업이 처해 있는 객관적인 상황을 파악할 수 있다. 이를 통해 약점은 개선하고 강점은 살려 시장 변화가 주는 기회요인을 잡고, 시장 위협은 최대한 피해야 한다. 기업의 경쟁력을 분석하기 위해서는 영업 마케팅 측면만이 아니라 재무, 조직, 인적자원, 생산 등 다양한 측면에서 평가해볼 필요가 있다. 이때 이러한 요소들이 기업에 미치는 상대적 영향력과 중요도를 고려해야 한다.

SWOT 분석은 전략 분석 시 경쟁 관점이 미흡하다는 단점이 있다. 따라서 최근에는 경쟁 관점을 고려하여 오쯔(OTCSW)라는 툴로 설명하기도 한다. 이는 외부요인에 경쟁사(competitor)의 강점과 약점을 포함시켜 더욱 정교한 전략 수립을 지원하는 것이다. 오쯔 분석을 통해 마케터는 전략대안과 경쟁우위전략 등의 전략 방향을 수립할 수 있다. 즉 경쟁사의 강점을 어떻게 피하고 약점을 어떻게 공략할 것인가에 대한 전략 방향을 수립할 수 있다.

3-2 5 forces 분석

마이클 포터의 산업구조분석 이론에 의하면 특정 시장의 구조와 매력도 및 기업이 처한 상황은 현재 시장 내 경쟁, 잠재적 진입자의 위협, 대체품의 위협, 공급자 교섭력, 구매자 교섭력의 다섯 가지 요소로 결정된다. 이 다섯 가지 요소를 5 forces 분석이라고 한다.

- **현재 시장 내 경쟁**

  시장의 전반적인 구조와 매력도를 결정하는 가장 중요한 요소는 현재 시장 내 경쟁이다. 시장에서 경쟁자는 누구이며, 경쟁의 강도가 얼마나 치열한가를 분석하는 것이다. 기업 간 경쟁의 정도는 경쟁자의 수, 경쟁자가 인식한 시장에 대한 관심과 중요도, 제품 차별화의 정도, 철수 장벽의 정도, 시장의 성장 가능성 등에 의해 결정된다.

- **잠재적 진입자의 위협**

  산업구조 분석에서는 현재의 경쟁자뿐만 아니라 잠재적 경쟁자도 중요한 요소로 고려한다. 현재의 경쟁자도 중요하지만 미래에 진입 가능한 경쟁자까지도 파악하여 현재 시점에서 경쟁을 고려해야 한다. 현재 시점에서 잠재적 경쟁자가 시장에 진입하면 산업의 매력도가 떨어진다고 할 수 있다. 잠재적 진입자의 위협을 결정하는 요소로는 시장의 진입장벽(entry barriers), 철수장벽(exit barriers), 규모의 경제 효과, 제품 차별화의 정보, 구매자의 전환비용(switching cost),★ 기존 기업의 유통경로상의 우위 등을 검토할 수 있다. 진입장벽이란 어느 기업이 새로운 시장에 진출하려고 할 때 넘어야 할 벽이 얼마나 높은가의 정도를 나타내는 개념으로, 새로운 시장에 진입하는 것을 어렵게 하는 요인이다. 제품 차별화나 구매자의 전환비용도 진입장벽을 결정 짓는 요인이다.

★ 전환비용이란 현재 사용하고 있는 제품이 아니라 다른 제품을 사용하려고 할 때 들어가는 비용을 말한다. 금전적 비용뿐만 아니라 조직(개인)의 노력 등 무형의 비용까지도 포함된다.

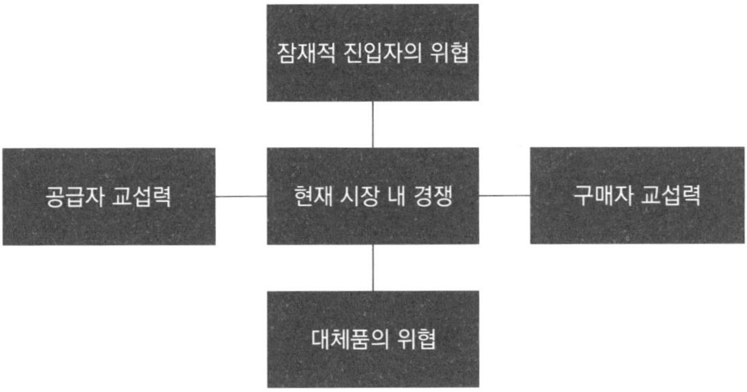

[그림 2-3] 산업구조분석의 다섯 가지 요소

- **대체품의 위협**

기술의 발달로 자사 제품과 동일하거나 보다 우수한 성능을 발휘하는 대체품이 발생할 수 있다. 스마트폰의 등장으로 MP3는 시장에서 사라졌으며 카메라 시장은 매우 줄어들었다. 이와 같이 대체품의 출현으로 현재 시장의 매력도가 심각하게 떨어질 수 있기 때문에 마케팅 담당자들은 기술의 변화 트렌드를 파악하고 대체품의 위협에 대비해야 한다.

- **공급자 교섭력**

공급자(현재 시장에서 원료나 자재 등을 공급하는 기업)와의 거래나 협상 과정에서 누가 주도권을 갖느냐 하는 교섭력이 매우 중요하다. 컴퓨터 시장에서 컴퓨터의 핵심 부품인 CPU 공급자로서 인텔의 지위는 매우 막강하다. 컴퓨터 앞면에 인텔 로고가 박힌 스티커를 붙이도록 조건을 제시하고 가격과 공급 조건 등도 유리하게 한다. 화학업계에서도 듀폰처럼 화학산업 원재료를 독점적으로 공급하는 업체가 강한 교섭력을 행사한다. 따라서 B2B 마케터들은 이러한 공급자의 교섭력에 대응할 수 있는 대안을 마련하고 준비해야 한다.

- **구매자 교섭력**

일반적으로 B2B 시장은 구매자가 시장에서 강한 교섭력을 갖는 경우가 많다. 구매자의 규격에 맞추고, 가격, 납기 등을 구매자의 요구사항에 맞추어야 하는 경우가 많다. 제품이 표준화되어가면서 시장에 대체품이 많아질 때도 구매자의 교섭력이 강해진다. 이 경우 시장의 매력도는 떨어질 수밖에 없다. 따라서 B2B 기업은 경쟁사와 차별화할 수 있는 기능을 지닌 제품을 개발하는 등 교섭력을 넓혀가는 활동을 해야 한다.

5 forces 모델은 산업구조가 기업의 행동에 미치는 영향에 대해 암시하는 바가 큼에도 불구하고 실무적으로 활용도가 높지 않다. 그 이유는 급격하게 변화하는 비즈니스 상황하에서 5 forces 모델이 미래에 대한 대비가 미흡하고 명확한 답을 제시하지 못하기 때문이다. 이러한 문제점을 해결하기 위해 미래 예측을 위한 시계열적 분석이 필요하다.

3-3 GE 매트릭스 분석

GE 매트릭스 분석은 전략적 의미에서 평가적이고 규범적인 분석 툴이다. GE는 BCG 그룹의 분석 툴을 사용하다가 BCG의 단점을 보완하여 GE 매트릭스 분석을 도입하였다. GE 매트릭스 분석은 산업성숙도와 경쟁강도를 하나의 축으로 하는 산업매력도와, 고객만족도와 시장점유율을 하나의 축으로 하는 사업경쟁력을 축으로 하는 3×3 모델이다. 이는 BCG 모델보다 더욱 정교한 분석 툴이다.

GE 매트릭스는 BCG의 2×2 매트릭스보다 산업매력도와 사업경쟁력 측면에서 더욱 정교한 툴이라는 장점을 지닌다. 그러나 평가요인의 객관성이 확보되지 않는 경우 자의적인 해석을 할 수 있는 우려가 있다.

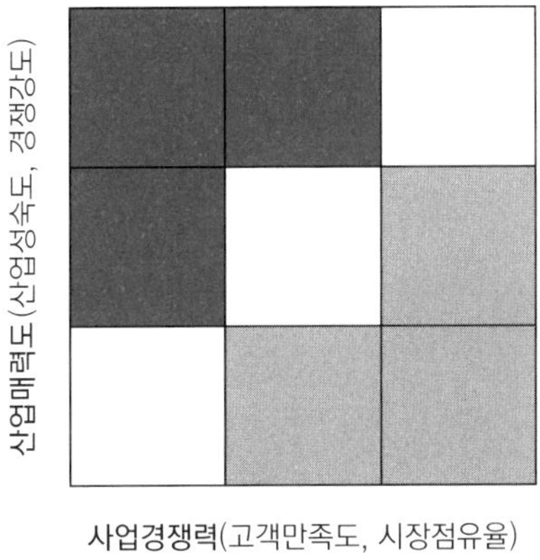

[그림 2-4] GE 매트릭스 분석

이상과 같이 전략 마케팅 툴과 관련해서 SWOT 분석, 5 forces 분석, GE 매트릭스 분석에 대해 간략히 살펴보았다. 전략 마케팅 툴에 어떠한 정답이 있는 것은 아니다. B2B 마케터는 현 사업의 방향을 수립할 때 시장상황, 경쟁상황에 적합한 전략 마케팅 툴을 활용하면 된다. 무엇보다 중요한 것은 시장요인, 조직의 강점과 약점 등을 충분히 고려하여 자사의 상황에 맞는 경쟁전략을 수립하는 것이다.

4 세그멘테이션

B2C 시장에서는 자사의 자원현황과 시장환경을 고려해 시장세분화(market segmentation)를 하여 고객, 시장을 공략하는 것이 효율적이다. B2B 시장에서는 사업의 특성상 고객의 수가 적어 세분할 수 없거나 세분화가 필요하지 않을 수도 있다. 이 경우에는 특정 고객의 니즈를 명확히 파악하여 고객에 적합한 제품 사양으로 공급하는 것이 중요하다. 그럼에도 불구하고 B2B 시장에서도 효율적인 자원 배분을 위해 가격 중시, 관계 중시, 브랜드 중시 등으로 고객을 세분화하여 마케팅 활동을 할 수 있다.

B2B 시장에서 시장세분화를 하면 목표고객에 대하여 구체적인 분석을 할 수 있고, 공략 우선순위를 정할 수 있으며, 실행 전략을 구체화할 수 있다는 이점이 있다. 시장을 세분화하려면 고객정보가 필요한데 구체적으로 고객사 정보, 구매센터, 구매담당자의 정보가 있어야 한다. 고객사 정보는 개인별로 더욱 구체적인 정보일수록 고

객 대응에 유리하다. 고객사 정보는 상업용, 호텔, 교육기관, 병원, 공장 등의 산업별로 구분하면 향후 전략 수립 시 유용하게 활용할 수 있다. 구매센터는 조직도, 키맨, 의사결정 프로세스 등을 명확히 파악해야 한다. 구매담당자 정보는 개인의 이력, 브랜드 선호, 구매기준, 구매센터 내 영향력 등을 파악하여 활용한다.

각각의 구매 관련 세분화 변수는 측정 가능해야 하며 향후 활용 목적에 적합하게 데이터를 수집할 수 있어야 한다. 현실적으로 데이터 수집은 기업의 공시자료, 인터넷 홍보자료 이외에 자료를 수집하기 어려운 점이 있다. 따라서 B2B 기업은 마케팅을 위한 고객 데이터베이스와 세부 항목을 정의하여 고객정보를 파악하고 데이터 수정·보완 활동을 지속적으로 수행해야 한다.

B2B 사업에서 시장세분화를 하면 크게 세 가지 이점이 있다.

- 첫째, 공략대상기업에 대한 철저한 분석이 가능하다. 기업의 현황, 구매센터의 구성, 각 조직별 다양한 요구사항을 함께 파악하면 기업고객이 어떤 니즈를 갖고 있는지 알 수 있고 기업고객을 상세히 분석할 수 있다.
- 둘째, 공략 우선순위를 선정할 수 있다. 대상 고객에 대한 시장세분화를 해보면 세분시장의 공략 우선순위를 선정할 수 있다. 기업의 우선순위가 정해지면 해당 기업의 구매센터에 대한 보다 구체적인 정보의 필요성이 대두되어 정보를 파악할 수 있게 된다.
- 셋째, 실행 전략을 구체화할 수 있다. 시장세분화를 하면서 고객의 니즈, 구매센터의 부서별 세부적인 요구사항 등을 파악할 수 있어 구체적인 실행 전략을 수립할 수 있다.

고객의 시장상황별 세분화 방법은 시장의 성격에 따라 경쟁시장과 과점시장으로 나누어볼 수 있다. 이를 구체적으로 살펴보면 다음과 같다.

① 경쟁시장의 시장세분화

- **큐브(Cube)모델**: 고객 데이터를 매출, 제품, 거래주기 등으로 세분화해 살펴볼 수 있으며 필요시 품질, 지원요구수준, 협상력 등으로 2차 세분화를 진행할 수 있다. 큐브 모델은 제품이 다양한 용도로 사용되는 경우에 최적시장 도출을 위해 활용된다.
- **고객 거래 이력에 의한 세분화**: 기존고객과 신규고객을 구분하거나, 고객충성도에 따라 파트너십을 강화해야 하는 고객으로 나누어볼 수 있다. 이와 같은 구분으로 영업 접촉 회수, 가격정책, 프로모션 등을 차별화할 수 있다.
- **고객 구매력에 의한 세분화**: 가격에 민감한 고객을 구매자 교섭력과 가격 민감도를 기준으로 세분화하여 프로그램 구매형, 관계 구매형, 거래 구매형, 교섭형 등으로 나누어볼 수 있다. 각 세그먼트별 차별화된 가격정책으로 구매자 교섭력을 넓혀나가며 효율적인 마케팅을 할 수 있다. 이러한 차별화를 통해 고객유지율을 향상시킬 수 있으며 고객집단별 추가적인 매출도 이끌어낼 수 있다.

② 과점시장의 시장세분화

- **2단계 접근법(거시세분화와 미시세분화)**: B2B에서 쉽게 사용하는 방법이다. 고객의 일반적인 특성을 근거로 거시세분화하고, 구매조직의 의사결정 특성에 따라 미시세분화하는 것이다. 거시세분화는 산업분류기준에 따라 시장을 세분화하는 것으로 조직의 규모, 위치, 산업분류기준에 따라 구매행동이 달라진다. 미시세분화는 구매센터 구성원들의 특징, 구매기준 등을 기준으로 세분화하는 것이다. 미시세분화는 조직 구매행동의 복잡한 사항을 조사해야 하는 어려움이 있다.
- **라이프사이클에 의한 세분화**: 제품 생애주기별 의사결정자들의 니즈 변화를 고려한다. 신제품이 출시될 경우에는 현재 사용 제품과의 품질, 차별성이 구매 조직의 주요 니즈가 된다. 조직구매자가 구매를 통해 가격경쟁력 확보, 제품 차별화, 생산효율성을 증대하는 방향으로 제안할 때 구매로 이어질 수 있다.

이상과 같이 시장을 세분화한 이후 각 세분시장의 규모와 성장성을 고려하여 공략할 만한 시장규모가 되는지를 분석하여 우선순위를 결정하게 된다. 세분시장이 매력적이라도 기업의 목표와 자사의 자원이 세분시장을 공략하기에 적합하지 않으면 표적시장으로 선정하기 어렵다. 시장세분화 이후에는 조직 전체에 시너지 효과가 나타날 수 있어야 한다. 그러므로 시장을 세분화하기 이전에 마케터는 이후 마케팅 활동을 통해 매출과 수익이 증가할 수 있는지를 먼저 검토해보아야 한다.

5 타깃팅

시장세분화를 마치면 마케터는 어느 시장, 몇 개의 시장을 공략할 것인지를 결정해야 한다. 타깃팅(targeting)은 공통적인 수요와 구매 행동을 가진 시장으로 나누어 어느 시장에서 마케팅 활동을 할 것인가를 정하는 것이다. 세분시장별 시장규모, 성장성, 경쟁력, 그리고 자사의 목표와 자원을 고려하여 시장 매력도를 분석하여 표적시장을 선정한다. 표적시장은 집중화 전략, 차별화 전략, 비차별화 전략을 활용할 수 있다.

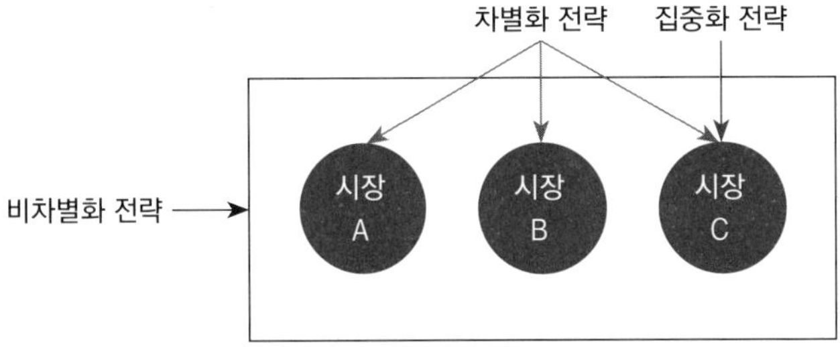

[그림 2-5] 타깃팅의 세 가지 전략

- **비차별화 전략**

  비차별화 전략이란 기업이 특정 세분시장이 아니라 전체 시장을 대상으로 마케팅 전략을 수립하는 것으로 수요, 구매 패턴의 차이가 없는 경우에 사용한다. 이 전략을 사용할 때 기업은 특정 모델로 전체 시장에 대응하여 생산, 물류 측면에서 효율적인 관리를 할 수 있다. 비차별화 전략을 사용할 때는 시장세분화 효과가 없어지므로 어떻게 경쟁사와 제품을 차별화하여 공급할 것인지에 대한 검토가 필요하다.

- **차별화 전략**

차별화 전략은 B2B 기업에서 가장 많이 활용하는 전략으로, 두 개 또는 다수의 시장에 개별 시장별로 차별화된 마케팅 전략을 실시하는 것이다. 즉 시장세분화 실시 후 각각의 세분시장의 특징이 명확하여 차별화된 마케팅을 사용할 수 있으면 활용한다. 세분시장이 가격을 중요시하는 시장인 경우 특판가격을 적용한 제품을 공급하고, 기술을 중요시하는 시장인 경우에는 차별화된 기능으로 대응하는 전략이 필요하다. 이러한 차별화 전략은 일반적으로 매출액 증가를 가져오는 이점이 있으나, 차별화된 제품 생산에 따르는 생산비, 관리비, 재고비 등의 비용 상승을 고려해야 한다.

- **집중화 전략**

시장세분화 이후 하나의 시장에 기업의 마케팅 역량을 집중하는 것이다. 특정 시장의 규모가 크거나 자사의 제품이 차별화되거나 또는 원활한 커뮤니케이션이 용이할 경우 집중화 채널 전략을 실시한다. 그러나 B2B 사업에서 기업의 매출이 한 기업에 집중화되어 있다면 성장잠재력이 있는 차선의 시장도 고려해야 한다.

6 포지셔닝

포지셔닝(positioning)은 구매조직 내 조직구매자의 마음속에 특정 기업의 제품 또는 서비스가 차지하고 있는 위치를 말한다. B2B 시장에서 포지셔닝에 대한 인식 비중은 기업이 49%로 기업의 브랜드 이미지가 매우 중요한 것으로 조사되었으며, 제품(38%), 영업사원(9%), 기타(4%) 순으로 나타났다. 그만큼 B2B 사업에서 기업 이미지 또는 브랜드가 중요하다는 것을 알 수 있다. 따라서 표적시장 고객에게 기업(제품)의 독특한 위치를 갖기 위해 무엇을 포기할 것인가 또는 무엇을 강화할 것인가가 중요하다.

이러한 포지셔닝은 다음 세 가지 질문에 명확한 답을 제시할 수 있어야 한다.

- 누구를 위한 제품인가?
- 우리는 무엇을 판매하고 있는가?
- 왜 고객은 이 제품을 구매해야 하는가?

포지셔닝 전략을 수립하기 위해 기업은 고객사의 니즈를 파악하고, 경쟁사 대비 강점을 파악하고, 경쟁우위 포지션을 선택해야 하며, 선택한 포지션을 적절히 전달해야 한다. 고객사의 니즈를 파악하는 활동은 매우 중요하다. 고객의 니즈를 제대로 파악하지 못하면 적합한 포지셔닝 전략을 수립할 수 없다. 따라서 영업사원은 고객의 니즈를 파악하기 위해 적극적인 마케팅 활동을 펼쳐야 한다.

B2B 사업에서 경쟁사 대비 강화 요인으로는 기업 브랜드 이미지 차별화와 관계 마케팅이 있다. 경쟁우위 포지션을 선택하기 위해서는 품질, 가격, 기술, 서비스 등 고객의 관점에서 차별화되는 요인을 찾아야 한다. 특히 B2B 고객에게는 품질, 구매, 배송, 업무 편의 지원 등이 중요하게 인식되므로 이러한 면에서 고객에게 신뢰를 줄 수 있어야 한다. 한편, B2B 기업의 포지셔닝은 제품 차원보다 기업 차원이 더 중요하므로 마케터는 상품, 서비스, 기업 이미지 관리 등에서 종합적인 브랜드 포지셔닝이 될 수 있도록 해야 한다.

MARKETING STRATEGY

3장

B2B 마케팅 전략을 실행하라!

1 제품 전략
2 가격 전략
3 채널 전략
4 프로모션 전략
5 SCM 전략
6 신사업 전략
7 전략시장 발굴

1 제품 전략

1-1 제품 차별화

마케팅의 출발은 제품(product)이다. 제품력으로 경쟁사와 차별화할 수 있으면 그것이 최고의 마케팅이요, 그만큼 경쟁우위에 서게 되는 것이다. 세계적인 혁신기업의 대명사로 불리는 애플은 고객조사를 하지 않기로 유명하다. 그들은 고객이 이제까지 보지 못하고 상상하지 못한 제품을 만들어내려 하며, 고객의 기대를 뛰어넘는 창의적인 제품을 만들고자 하기 때문에 고객에게 제품의 아이디어를 묻지 않는다고 한다.

요즈음은 기술수준이 상향평준화되어 경쟁사와 차별화된 제품을 만들기가 쉽지 않다. 그럼에도 불구하고 자사의 특장점을 활용하여 고객의 가치를 높일 수 있는 요소를 찾아 경쟁사와 차별화할 수 있는 전략은 마케팅에서 매우 중요하다. 마케터는 효과적인 제품 전략을 수행하기 위해서 무엇보다 먼저 고객의 제품 가치를 명확히 해야 한다. 그리고 이를 바탕으로 프로세스에 따라 신제품 개발 전략을 세우고, 브랜드 자산 관리를 하며, 수명 관리에 의해 기존 제품의 유지관리를 해야 한다.

차별화된 제품 전략으로 동남아시아 시장에서 경쟁우위를 차지하게 된 LG전자 에어컨의 사례를 살펴보자. 동남아시아에서는 뎅기열(dengue fever)로 인한 사망자가 국가별로 매년 2000~4000명에 이른다. 뎅기열은 뎅기 바이러스가 사람에게 감염되어 생기는 병으로 고열과 심한 두통, 근육통 등을 동반한다. 보통 일주일 정도 증상이 지속되는데 면역이 약한 어린아이는 사망에까지 이르기도 한다. 본사에서 아시아 지역 에어컨 마케팅을 담당하던 시절의 이야기다. 인도네시아의 에어컨 매니저가 '뎅기모기 퇴치 에어컨'을 만들어 판매하면 동남아 국민들의 건강관리에 이익이 되고 기업의 사회적 기여 활동도 될 것이라고 제안하면서 제품 개발을 요청했다. 좋은 아이디어라고 생각되어 인도네시아의 뎅기모기 이슈를 정리했다. '매년 인도네시아에서 수천 명의 어린이가 뎅기모기로 인한 뎅기열에 걸려 사망한다. 모기는 특정 주파수에 민감하며 모기별로 기피하는 특정 주파수가 있다. 뎅기모기가 기피하는 초음파 발생 장치를 에어컨에 부착하면 모기가 스트레스를 받아 죽거나 다른 곳으로 도망가도록 할 수 있다'는 내용으로 제품개발요청서를 준비하여 에어컨 연구소에 제출했다.

그러나 연구소 내에 모기 전문가도 없고 주파수 전문가도 없어 개발이 어렵다고 했다. 수소문 끝에 인도네시아 국립대학인 보고르대학교의 모기 전문가를 찾아가게 되었고, 이후 LG전자 에어컨연구소와 보고르대학교 간 산학연계를 통해 뎅기모기가 싫어하는 주파수 대역을 찾아내는 프로젝트를 실시하게 되었다. 에어컨연구소는 보고르대학교에서 모기가 기피하는 주파수 대역에 대한 연구자료를 건네받아 주파수 발생기를 개발했다. 이후 연구원이 수차례 보고르대학교를 찾아가 뎅기모기가 기피하는 주파수를 발생하여 모기 퇴치 기능을 구현해냈다.

뎅기모기 퇴치 기능이 장착된 세상에 없던 에어컨이 출시되자 인도네시아 언론의 반응은 매우 뜨거웠다. 엄청난 입소문을 타고 뎅기모기 에어컨을 구매하려는 고객들이 몰려들었다. 가격 면에서 타사 제품에 비해 40% 정도 비쌌지만 매월 수천 대씩 판매가 되었다. 인도네시아의 뎅기모기 에어컨 성공 사례는 태국, 베트남, 그리고 아프리카 시장으로 퍼져나갔고 뎅기모기 에어컨은 신제품 개발에서 혁신제품의 아이콘으로 자리 잡게 되었다. 또한 뎅기모기 퇴치 주파수 발생기는 그 이후 LG전자의 TV에도 장착되어 뎅기모기 퇴치에 기여하게 되었다.

뎅기모기 퇴치 에어컨은 시장의 가치, 고객의 가치를 높이기 위한 에어컨 매니저의 집념과 열정이 사업에 접목되어 차별화된 제품을 낳은 성공 사례이다. 경쟁사와 차별화된 제품은 시장에서 고객과 언론이 알아서 홍보를 해주어 마케팅 효과가 배가되고, 그것은 곧 매출 성장의 발판이 된다. 그러므로 기업은 고객의 니즈(needs)를 충족시키기 위해 고객을 탐구하는 노력을 지속해야 한다. 고객이 표현하지 않는 잠재욕구까지도 파악하여 차별화된 제품을 개발하여야 경쟁우위를 점할 수 있다. 경쟁사보다 먼저 고객의 니즈를 만족시킬 때 산업에서 선도자의 지위를 확보하고 강력하고 지속적인 경쟁우위를 유지할 수 있다.

1-2 신제품 개발

신제품 개발에는 기업의 거의 모든 부서(상품기획, 마케팅, 연구개발, 생산 등)가 관여한다. 영업 부서의 제안, 연구개발 부서의 연구와 개발, 재무부서의 설비투자 분석 및 재무 조달, 상품기획 부서의 전체적인 조율 등 관련 부서의 적극적인 역할과 지원이 필요하기 때문이다.

B2B에서 신제품 개발이 성공적으로 출시되기 위해서는 경영진의 지원, 제품 개발프로세스에 따른 관련 부서의 역할 수행, 고객 중심적인 개발이 수행되어야 한다. 신제품 개발 과정은 아이디어 도출 → 제품 콘셉트 구체화 → 마케팅 전략 구상 → 사업성 분석 예측 → 제품 개발 → 테스트 → 시장 출시라는 여러 단계를 거친다. B2B 신제품 개발에서는 기술 개발의 트렌드 분석, 고객사와의 긴밀한 정보 교환, 고객 니즈 분석이 매우 중요하다. B2C는 주로 고객의 니즈를 기반으로 하여 상품을 개발하나, B2B는 연구개발 과정에서 신제품에 대한 아이디어를 얻는 경우도 많다. B2B 신제품 개발 과정에서는 원천기술의 개발이 중요하고, 기술 로드맵이나 제품 로드맵에 따른 차세대 신소재 부품 개발이 신제품 개발에 큰 영향을 미친다.

B2B 신제품 개발에서 고객이 원하는 제품의 속성을 찾아내고 신제품 개발로 연결시키는 방법으로 품질기능전개(quality function deployment, QFD)가 있다. QFD는 개발해야 할 제품의 기술적 속성과 고객이 원하는 속성 간의 관계를 체계적으로 분석하고, 이를 바탕으로 출시될 제품의 고유의 특장점(unique selling preposition, USP)을 찾는 아이디어 도출 방법론이다.

신제품 개발 방법론에는 크게 스테이지 게이트(stage gate) 모델과 CECOR 모델이 있다. 스테이지 게이트 모델은 기업의 신제품 개발 과정에서 효과적으로 쓰이는 모델로, 개발범위 규정 → 제품계획서 작성 → 제품 개발 → 테스트 및 최종 확인 → 신제품 출시에 이

[그림 3-1] B2B 신제품 개발 프로세스 '스테이지 게이트 모델'

르는 단계로 진행된다. 각 단계(스테이지)별로 게이트를 두어 점검을 실시하는 것이 특징이다.

스테이지 게이트 모델을 적용하면 신제품 개발 과정을 신속하게 진행할 수 있으며 잘못된 의사결정을 낮추고 품질관리와 효율성을 높일 수 있다는 장점이 있다. 반면, 각 단계를 거치면서 마케팅 또는 상품 개발자의 창의적인 아이디어가 희석되어 고객 맞춤형 가치 제공이나 창의적 개발을 이루지 못할 수도 있다는 단점이 있다.

CECOR은 미국의 GE사에서 개발한 신제품 개발 프로세스로 조직원의 아이디어를 효율적으로 적용하는 집단지성의 방식이다. CECOR 방법론을 통해 GE는 시장중심의 성장 기회를 발굴하고 신속한 제품 개발과 사업화를 위한 아이디어를 발굴하여 상품화하는 성과를 도출했다.

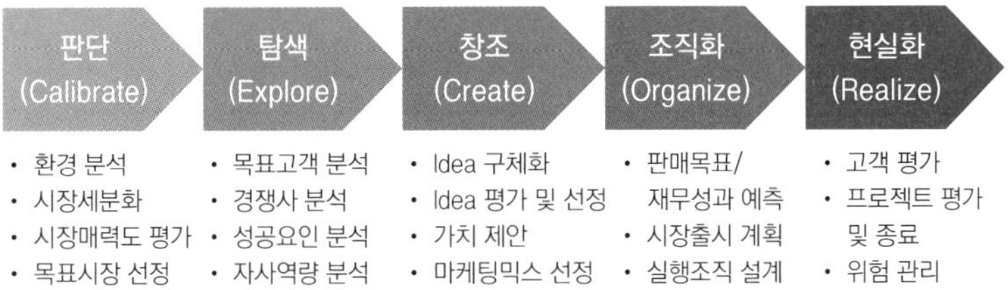

[그림 3-2] B2B 신제품 개발 프로세스 'CECOR 모델'

기업에서는 많은 인원과 자원을 투자하여 제품을 개발하지만 신제품의 실패율은 50~80%에 이른다고 한다. B2B 신제품 개발에 있어서 실패하지 않기 위해서는 개발·마케팅 과정에서 전략적 오류를 미연에 방지하고 시장잠재성을 주의 깊게 측정해야 한다. B2B 신제품들이 기술적인 원인으로 실패하는 경우가 많은 이유는 고객 조사나 마케팅 준비 부족으로 고객이 원하는 기능을 수행하지 못하는 불완전한 제품을 출시하기 때문이다. 신제품이 성공하지 못하는 근본적인 원인은 고객 니즈를 정확히 파악하지 못하거나 고객 정보에 대한 이해가 부족하기 때문이다. 따라서 성공적인 신제품 개발과 시장 안착을 위해서는 고객의 니즈를 명확히 이해하고 고객이 말하지 않은 욕구가 무엇인지 꿰뚫어 보려는 노력이 필요하다. 또한 시장을 리드하는 제품을 개발하고자 하는 열정과 도전이 수반되어야 한다.

1-3 B2B 제품수명주기

제품의 수명주기는 크게 도입기, 성장기, 성숙기, 쇠퇴기로 구분하는데 각 주기별로 마케팅 믹스 전략(marketing mix strategy)★을 다르게 시행하면 경영 성과를 높일 수 있다. 즉 도입기에는 인지도를 높이고, 성장기에는 점유율을 높이고, 성숙기에는 이익을 극대화하고, 쇠퇴기에는 비용을 최소화하는 마케팅을 해야 한다. 제품 수명 단계별로 시장지위(market position)에 따른 전략도 달라야 한다. 선도자는 시장을 지키기 위한 정책을 실시해야 하고, 후발자는 선도자와의 경쟁에서 이길 수 있는 차별화된 성능, 서비스나 시스템 등을 보강해야 한다. 후발주자의 경우 선도자가 미치지 못하는 니치시장(niche market)★★을 발굴하여 특정 시장에서 선도자 역할을 할 수 있다.

★ 마케팅 믹스 전략이란, 제품을 시장에 출시할 때에 마케팅 목표를 최대한 효과적으로 달성하기 위해 각 분야의 방법들을 균형 있게 디자인하는 것을 말한다. 보통 상품전략을 의미하는 프로덕트(product), 가격전략을 뜻하는 프라이스(price), 유통전략을 나타내는 플레이스(place), 광고 및 판촉 등의 전략을 포함하는 프로모션(promotion)의 4P를 기본 축으로 해서 전략을 짠다.

★★ 니치(niche)란 적소, 특정 분야, (시장의) 틈새를 의미하는 말로 니치시장은 틈새시장을 뜻한다. 시장점유율이 낮은 기업이나 후발 기업이 기존 시장과 구분되는 분야를 찾아내 입지를 넓혀가는 마케팅 전략을 틈새시장 전략이라고 한다.

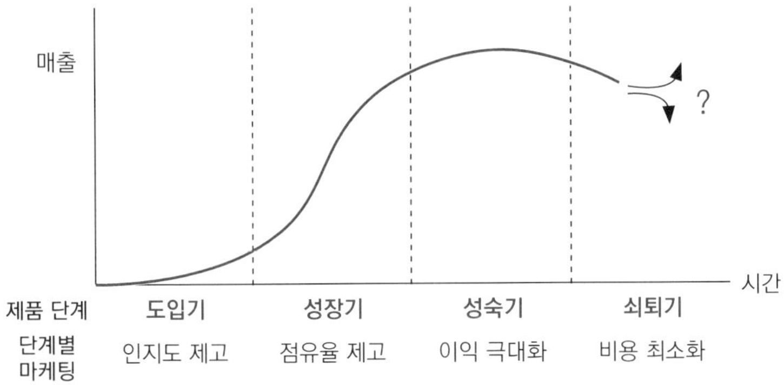

[그림 3-3] 제품수명주기

제품의 수명주기를 연장하기 위해서는 지속적인 신상품 개발을 통해 고객에게 새로운 가치를 부여해야 한다. 이로써 제품의 수명주기는 성숙기에서 새로운 성장기로 이어질 수 있다. 한국 에어컨 시장의 사례를 보면 초창기에 창문형이 출시된 후 벽걸이형, 스탠드형, 천장형(상업용) 등으로 신상품 개발과 함께 지속적 성장이 이루어진 것을 알 수 있다. 이와 같이 변화하는 고객의 니즈를 찾아서 부가가치를 높인 제품을 계속해서 출시할 때 지속적으로 성장하는 시장을 만들어갈 수 있다.

사례 3S로 차별화된 제품을 출시하다

마케팅에서 가장 중요한 것은 제품이다. 세상에 유일한 제품, 경쟁사와 차별화된 제품은 마케팅 활동을 하지 않아도 잘 팔린다. 애플의 아이폰은 제품 출시 일정만 알려주면 아이폰 마니아들이 매장 앞에 줄을 선다. 장충동의 족발집도 원조 족발집만 손님이 북적거린다. 그러니 너도나도 '원조'라는 말을 붙이고 그것도 모자라 '진짜 원조'라는 간판을 내건다. 그만큼 차별화된 제품은 마케팅이 수월하다.

LG전자가 세계에서 에어컨을 가장 많이 만들고 가장 많이 팔던 시절이 있었다. 글로벌 판매 수량에서 8년 연속 1등을 하기도 했는데, 이는 차별화된 제품력이 뒷받침되었기에 가능한 일이었다. 디자인이 차별화된 아트쿨 에어컨, 뎅기모기 에어컨과 같이 경쟁사와 차별화된 지역 적합형 제품을 출시하고 적극적인 마케팅 활동을 펼쳐 이룬 결과였다. 물론 공장에서의 생산 기술력을 바탕으로 뛰어난 제조 역량과 구매 역량을 갖춘 점도 무시할 수 없는 요인이었다. 그러나 이러한 생산 기술은 후발주자가 쉽게 따라올 수 있어 차별화되지 않는다. 특히, 중국의 에어컨 업체인 그리(Gree), 미디어(Midea) 등은 거대한 중국시장과 저렴한 가격을 기반으로 판매량을 쉽게 증가시켜 1등을 따라올 수 있다.

2010년 무렵 LG전자의 에어컨 사업부는 중국 제품의 추격을 뿌리치고 아시아 시장에서 보다 적극적인 마케팅을 실시하기 위해 경쟁사와 차별화된 제품을 기획하기로 했다. 상품기획, 연구소, 마케팅 인원이 현지 시장을 돌며 고객의 니즈를 파악하였다. 그 결과 저소음, 청정, 절전 등이 에어컨에 필요한 요소로 요약되었다. 고객의 니즈를 기반으로 경쟁사와 확실히 차별화할 수 있는 제품을 개발하여 고객에게 자사의 USP, 즉 고유의 특장점을 소구하기로 하였다.

제품 개발이 이루어진 후 차별화된 제품의 기능을 잘 드러

낼 수 있는 차별화된 마케팅을 시장에서도 펼쳐야 했다. 연구소와 상품기획 부서에서 제품의 특장점을 세 가지로 정리했다. 첫째는 도서관보다 더 조용할 정도로 소음이 적다는 점, 둘째는 플라즈마 필터를 사용하여 청정한 공기를 제공한다는 점, 셋째는 에너지가 60%나 절감되는 인버터 에어컨이라는 점이었다. 이러한 에어컨의 특장점을 어떻게 고객에게 전달할까 고민하다가 판매 현장의 목소리를 듣고자 아시아 주요 국가인 태국, 인도네시아, 베트남의 마케팅 매니저를 한국으로 초청해 신제품 마케팅 워크숍을 실시했다.

아시아의 주요 매니저들이 신제품 에어컨을 직접 만져보고 제품의 특징에 대한 설명을 들으면서 확실히 차별화된 제품이라고 인정하고, 제품을 소구하는 메시지를 어떻게 고객에게 전달할까 논의했다. 제품의 특징을 잘 설명하는 메시지를 3개의 영어 단어로 압축했다. 도서관보다 더 조용하다는 의미에서 silent, 플라즈마 필터를 통해 걸러진 안전한 공기를 전달한다는 의미에서 safe, 최고의 에너지 절약을 한다는 의미에서 saving. 이렇게 해서 3S로 마케팅 콘셉트가 정해졌다. 세 가지 특장점을 중심으로 카탈로그, POP, 스티커, 데모키트(demonstration kits) 등을 준비했다.

3S 제품이 출시되는 국가별로 제품 출시 전부터 마케팅 자료를 충실히 만들었다. 3S 에어컨 콘셉트를 카탈로그에 고객이 쉽게 이해할 수 있는 언어로 설명했다. 공기청정 플라즈마 기능을 설명하는 데모키트를 제작해 공급하고, 인버터 기능을 설명하기 위해 기존의 에어컨과 차별화되는 내용을 자동차에 비유하

여 부각시켰다. 자동차가 교통상황에 따라 속도를 조절하듯이 에어컨의 풍속과 풍량을 조절하여 초절전을 구현하는 것을 시각적으로 보여주었다.

[그림 3-4] 3S 에어컨의 차별화된 제품 기능을 부각시킨 매장

마케팅 자료 준비를 완료한 뒤에는 유통채널 대상으로 3S를 설명할 자료를 만들었다. 각 국가별 마케팅, 세일즈 직원들을 대상으로 제품 교육을 실시했다. 이후 해당 직원들이 각자의 거래선을 찾아가 거래선의 영업사원들을 대상으로 3S 에어컨의 차별화 포인트를 중심으로 제품 설명을 했다. 1차로 거래선까지 설명이 끝나고 나서 본격적인 신제품 출시 행사를 실시했다. 사전에 제품 교육을 실시한 효과가 있어 거래선들이 자사의 제품을 보고 감탄하면서 사장님들 스스로가 3S 에어컨의 홍보맨이 되었다. 사장님들이 매장을 찾아온 고객들에게 에어컨의 특장점

을 잘 설명해주니 매출이 급성장했다. 공부하는 아들을 둔 어머니는 도서관보다 조용한(silent) 에어컨을 구입하고, 어린아이가 있는 가정에서는 안전한(safe) 공기를 공급하는 에어컨을 구매하고, 전기세를 아끼고자 하는 고객은 에너지 절전(saving) 최고효율 에어컨을 구입했다.

에어컨은 고객이 쉽게 이해하기 어려운 제품이라서 한 제품을 출시한 후 이렇게 매출이 급성장하는 경우는 보기 힘들다. 그런데 어떠한 제품이든 고객의 입장에서 고객이 이해할 수 있는 언어로 소통을 시도하면 결국 고객은 반응하기 마련이다. 요컨대 신제품을 개발할 때 고객의 관점에서 기획·생산하고, 고객의 언어로 그들과 소통하는 과정을 통해 매출 증가라는 성과를 창출할 수 있다. 3S 콘셉트의 마케팅 성공은 또 다른 마케팅을 위한 투자로 이어져 선순환 마케팅의 씨앗을 뿌리게 되었다.

key point

- ✔ 차별화된 제품은 가장 강력한 마케팅 전략이다.
- ✔ 철저한 현지 시장 조사로 고객의 니즈를 파악하라. 고객의 니즈를 기반으로 경쟁사와 확실히 차별화할 수 있는 제품을 개발하여 자사의 USP를 확보하라.

2 가격 전략

일반적으로 가격(price)을 내리면 수요는 증가하고 가격을 인상하면 수요는 감소한다고 한다. 그런데 마케팅에서 가격 전략만큼 결정하기 어려운 것도 없다. 가격 결정에 영향을 미치는 요인은 소비자의 소득수준, 경쟁환경, 유통경로, 원가요소 등 매우 다양하다. 가격을 결정하고자 할 때는 시장상황, 경쟁사, 자사 수익성 등 여러 가지 요소를 고려하여야 한다. 경쟁사가 가격을 조정하면 어떻게 해야 할지 시나리오 플랜도 있어야 한다. 특정 프로젝트의 경우에는 경영전략에 맞춘 마케팅 투자 개념으로 공격적인 가격 제시가 필요할 수도 있다. 가격 설정에 따라 기업의 수익성이 달라지며 사업의 운명을 가를 수도 있다.

매킨지 조사 보고서에 따르면 산업용 레진 구매 시 고객이 고려하는 요소는 가격(30%), 품질(18%), 기술서비스 지원(18%), 납기(14%), 영업사원 역량(10%), 제품다양성(10%)이라고 한다. 이처럼 B2B 사업에서는 가격 이외에도 구매를 결정하는 요소가 70%나 된다. 가격이 중요하긴 하지만 그것만으로 구매결정을 하는 것은 아닌 것이다. 따라서 가격을 결정하는 요인을 파악해보고 최적의 가격결정 방법을 찾아보아야 한다.

B2B 기업고객은 연간계약이나 장기공급계약, 대량구매, 일괄구매 등으로 거래를 시작한 후 탄력적인 가격변동제를 실시한다. 또한 일정 기간이 지나면 가격 인하 요구를 하므로 공급가격 인하에 대비하여 생산성 혁신 방법을 찾아야 한다.

B2B 가격은 수익 실현, 수요 결정, 품질 보완, 경쟁 도구, 정보 제공의 역할을 수행한다. 효율적인 가격결정을 위해서는 고객에 대한 충분한 이해, 경쟁제품의 가격 정보, 제품의 가치를 고려한 가격전략이 필요하다. 마케터는 가격결정 시 목표 투자수익 달성, 시장점유율 달성, 경쟁 대응 등을 고려해야 한다.

가격결정 방법에는 자사중심, 경쟁중심, 고객중심 가격결정 방법이 있다.

① 자사중심 가격결정

현실적인 여러 문제점에도 불구하고 활용성과 용이성이 높아 기업에서 많이 사용하고 있는 가격결정 방법이다. 원가 지향적, 마진 지향적, 손익분기점 지향적 가격결정 방법으로 나누어볼 수 있다.

- **원가 지향적 가격결정:** 매출원가에 이익을 더해서 결정하는 가장 쉬운 가격결정 방식이다. 경쟁사 가격이나 수요예측 등의 어려움 없이 내부적으로 가격을 결정할 수 있으나 시장, 경쟁요인이 반영되지 않아 불합리한 가격결정이 될 수도 있다.
- **마진 지향적 가격결정:** 제품 출시 시점에서 목표수익률을 설정하고 그에 맞는 가격을 설정하는 방식이다. 주로 자본집약적인 산업이나 공공사업에서 목표수익률을 달성하기 위해 사용된다.
- **손익분기점 지향적 가격결정:** 기업의 손익분기점을 상회하는 점에서 가격을 설정하는 방식이다.

② 경쟁중심 가격결정

경쟁사 제품의 가격을 비교하여 포지셔닝을 결정하는 방식으로 자사의 비용구조에 대한 분석 없이 가격을 설정할 수 있다는 장점이 있다. 다만, 기업의 규모와 마케팅 투자 규모의 차이로 가격경쟁력의 차이가 생길 수 있다.

③ 고객중심 가격결정

표적시장에서 고객의 제품 평가와 수요에 기반하여 가격을 결정하는 방식으로 가치중심 가격결정이라고도 한다. 고객중심적 가격을 결정하기 위해서는 고객의 가치를 조사해야 하는데, 가격 조사에 현실적으로 많은 어려움이 따르며 신제품의 경우에는 고객이 가격에 대해 판단을 할 수 없다는 단점이 있다.

일반적으로 B2B 마케터들은 고가치 경쟁을 선호한다. 그러나 경쟁사가 가격 인하나 신제품 출시로 위협을 가해온다면 가격으로 대응하는 것이 바람직할까? 이 경우에는 가격 인하가 한 번으로 그칠 것인지, 가격 인하로 인한 손실이 비용을 커버할 것인지, 가격 대응을 하지 않는다면 타 시장에 어떠한 영향을 미칠지 등의 다양한 변수를 충분히 고려한 후 가격 대응 여부를 결정해야 한다.

사례 가치중심적 가격결정이 윈-윈이다

동아프리카 지역 에어컨 해외영업을 담당할 때 남아프리카공화국, 케냐, 탄자니아, 모잠비크 등의 국가를 관할했다. 남아프리카공화국을 제외하고 주변국들의 매출규모는 크지 않아서 주변국 영업은 본사에서 거래선과 직접 커뮤니케이션을 하였다. 연간 물량을 받고 가격을 협의하여 월별로 선적 일정에 따라 거래선이 신용장을 개설하거나 전신환(telegraphic transfer) 송금이 이루어지면 본사에서 생산 및 선적하는 프로세스로 이루어졌다.

그런데 어느 날 아침 출근해보니 에어컨 견적요청서가 팩스로 들어와 있었다(당시에는 이메일이 없던 시절이라 영업팀별로 팩스기를 설치해 거래선과 커뮤니케이션을 했다). 견적요청이 들어온 국가를 확인해보니 리유니언(Reunion)이었다. 당시 리유니언은 거래선이 없어 에어컨 수출이 없는 국가였다. 그러니 국가 정보도 없고 시장 정보도 전무했다. 어떤 나라인지 확인하기 위해 세계지도를 펼쳤다. 한참을 보다가 아프리카 동쪽 인도양에 있는 리유니언이라는 작은 섬을 찾았다. 그곳은 프랑스령으로 인구 84만 명에 면적은 제주도의 1.4배 정도인 조그마한 섬나라였다. 견적요청서를 보니 제품에 대한 상세 요구가 없이 표준 에어컨에 대한 견적을 요청하고 있었다. 리유니언의 시장규모, 경쟁사 현황, 시장가격 정보 등이 없는 상태에서 어떻게 견적을 낼지 막막했다.

이러한 경우 대개 크게 고민하지 않고 자사 중심의 가격결정을 하며 통상 1차 견적은 이후의 최종 물량과 가격협상(price negotiation)을 고려하여 제시한다. 리유니언의 경우, 최소 오더 물량을 모델별 한 컨테이너로 제시하고 자사의 원가에 마진을 충분히 포함했다. 팩스를 보내고 며칠 후 회신이 왔다. 구체 물량에 대해 가격 할인을 요청하는 내용이 있을 것이라고 예상했으나, 가격은 제시한 대로 수용하고 물량은 3개의 모델을 한 컨테이너에 선적해달라고 요청했다. 여러 모델을 한 컨테이너에 혼적하는 오더는 공장 내부적으로 번거로운 점이 있어 선적을 꺼리는 주문이다. 매출규모도 얼마 되지 않는 신규 거래선 물량이라서 팀장님께 보고할 수준도 되지 않으니 주문을 취소할까 하는 생각도 잠시 들었다. 그래도 고객이 주문한 물량을 거절하는 것은 아니라는 생각에 리유니언의 신규 거래선을 등록하고, 공장에 생산 요청 시 동일 컨테이너에 혼적해달라고 요청하였다.

선적 후 6개월 정도 지나서 업무차 남아공으로 출장을 가게 되었다. 마침 지난번 선적한 물량의 판매도 확인하고 시장동향도 파악할 수 있는 기회인 거 같아 중간에 리유니언에 들렀다. 리유니언에 도착해 거래선(F거래선)과 상담을 하게 되었다. 거래선은 에어컨을 취급하는 소규모 에어컨 딜러였다. 리유니언의 시장규모를 확인해보니 전체 물량의 20%를 F거래선이 공급한다고 했다. 가격 관련해서는 자사 제품이 경쟁사보다 5% 고가이므로 경쟁력을 갖도록 일부 할인을 요청하였다. 시장규모가 크지 않아 매출 확대를 위해 크게 공들일 만한 시장은 아니었다. 그래도 최소 물량을 모델별 한 컨테이너씩 주문하는 것으로 하고 가격을 5% 인하해주었다. 가격은 첫 물량 시 충분한 마진이 있는 상태였으므로 크게 문제가 없었다. 상담은 원만히 진행되어 연간 물량을 합의하였다.

상담을 마치고 거래선이 안내해준 식당에서 인도양의 맛있는 해산물을 맛보았다. 식사 후 그래도 시장을 한번 보고 싶다고 했더니 에어컨 시장은 마땅히 없으니 까르푸(Carrefour)에 가자고 했다. 리유니언은 프랑스령이니 까르푸가 있구나 생각하며 에어컨 전시 코너로 향했다. 그런데 전시된 에어컨에 표시된 가격을 보고서 나와 거래선 모두 크게 놀랐다. 오전에 상담한 가격보다 5%나 더 싼 가격으로 판매를 하고 있었다. 그제야 거래선은 나에게 공급가격이 너무 비싸다고 클레임을 하였다. '시장가격을 알고 있었다면 오전 상담 시 가격이 이슈라고 말했어야 하지 않는가' 하는 생각이 들었다. 이미 상담이 끝났는데 또다시 가격을 인하해달라는 요청을 들어주어야 할지 난감했다. 다른 시장을 한 곳 더 둘러보자고 하여 가보니 역시 자사보다 공급가격이 저렴했다. 거래선의 요청으로 사무실로 되돌아가서 다시 상담을 했다. 까르푸의 에어컨 가격이 낮은 이유는 프랑스에서 성수기에 판매한 후 남은 재고를 판매하는 것이기 때문이었지만, 거래선과 최종 협의하여 추가로 5% 할인하는 것으로 결정하였다. 물량은 기존에 합의한 대로 진행하기로 하였다.

상담을 마치고 남아공으로 돌아가는 길에 '섬나라의 작은 거래선이라고 너무 쉽게 상담을 한 것이 아닌가' 하는 반성을 했다. 작은 시장이라 하더라도 상담 전에 시장조사를 해서 경쟁상황, 유통채널 구조, 시장가격을 파악하고 상담을 진행했어야 했다. 특히 가격은 한번 결정되면 조정하기 어려운 만큼 시장을 충분히 살펴보고 유통구조도 파악하여 거래선에 적정 유통마진이 보장되는 고객중심적(가치중심적) 가격결정을 했어야 하는 아쉬움이 들었다. 그때의 경험을 교훈으로 삼아 이후에는 어느 국가를 방문하더라도 거래선과 상담하기 전에 에어컨 시장을 먼저 방문하여 경쟁현황, 시장가격 등을 파악하는 등 시장조사를 영업의 기본으로 삼게 되었다.

key point

- ✔ 시장상황, 경쟁사, 자사 수익성 등 여러 가지 요소를 고려하여 효율적으로 가격을 결정하라.
- ✔ 가격결정을 하기 전에 시장, 경쟁현황, 유통구조를 파악하라. 그런 다음 거래선에 적정 유통마진이 보장되는 고객중심적(가치중심적) 가격결정을 하라.

3 채널 전략

채널(channel)은 B2B 사업에서 가장 중요한 마케팅 전략이다. 채널관리를 잘하면 지속적으로 안정적인 매출을 달성할 수 있으나, 채널간에 문제가 발생하면 매출이 역신장하거나 거래선 이탈이 발생한다. B2B 채널은 산업의 특성에 따라 단순채널과 전문채널로 구분할 수 있다. 단순채널은 적기 납품, 적기 배송, 최적 물량 등이 고객의 니즈이며, 전문채널은 합리적인 설계와 기업과 채널 간의 관계가 중요하다. B2B 채널은 공급자와 더 친밀한 관계를 갖고자 하며, B2B

기업도 채널 구성원에 대한 의존도가 높다.

B2B 채널을 활용하면 기업이 직접 영업을 하는 것보다 비용과 시간 측면에서 여러 가지로 효율적이다. 기업이 채널 전략을 잘 운영했을 때 얻을 수 있는 이점은 다음과 같다.

- 첫째, 채널이 기업의 재고를 보유하여 고객에게 신속하고 원활하게 제품을 공급한다.
- 둘째, 채널이 영업활동을 하므로 기업의 영업비용이 줄고 매출 증대 효과를 볼 수 있다.
- 셋째, 채널이 기업과 고객 사이에서 중재자 역할을 하면서 품질문제나 반품처리 등에 신속하게 대응한다.
- 넷째, 채널이 해당 지역의 시장, 경쟁사 동향 등을 공유해주면서 훌륭한 정보원 역할을 한다.
- 다섯째, 채널이 고객에게 할부나 외상 등의 금융지원을 제공한다.

B2B 기업이 채널 전략 수립 시 가장 먼저 고려해야 할 사항은 '고객 접근성'이다. 고객이 최단 시간에, 최적의 장소에서 제품을 구매할 수 있도록 채널 전략을 수립해야 한다. 유통채널 전략을 제대로 수립하면 매출 증대와 비용 절감에 따른 수익을 극대화할 수 있다. 따라서 최적의 채널운영 전략을 수립하는 것은 매우 중요하다.

채널 형태는 직영업, 전속채널, 복수채널, 세일즈랩 등으로 구분해볼 수 있다.

- **직영업**(direct business)

  기업이 브랜드숍 등을 직접 운영하며 영업하는 것으로 고객의 요구사항을 신속히 파악하고 매출을 관리할 수 있다는 장점이 있다. 초기 단계의 기업이나 작은 국가인 경우에 취하기 좋은 형태다.

- **전속채널**(distributor)

  지역 또는 국가에 대해 단일 또는 소수의 채널을 운영하는 것으로 채널과 신뢰를 형성하고 빠른 성장을 할 수 있다는 장점이 있다. 시장가격을 유지하거나 경쟁우위를 확보하기 위해 전속채널과의 관계 관리가 중요하다.

- **복수채널**(multi dealer)

  고객이 특정 지역에 집중될 때 여러 채널을 운영하는 것으로 채널들의 충성도를 높이는 것이 중요하다. 채널 간에 마찰이 생기거나 경쟁적으로 가격 인하를 할 경우에 관리하기가 어렵다.

- **세일즈랩**(sales representative)

  중간유통이 재고를 운영하지 않고 판매를 중개하여 매출에 따른 수수료(commission)를 받는 형태로, 1인 기업이나 회사 형태로 운영하기도 한다. 지역고객을 확보하고 있어 고객의 요구사항에 맞는 다양한 브랜드의 솔루션 영업을 할 수 있다는 장점이 있으나 제품의 판매가격, 거래조건에 관해서는 권한이 제한된다. 지역별 영업사원을 채용하기 어려운 경우 세일즈랩을 운영하면 시장 커버리지를 넓힐 수 있으나 제품, 판매, 프로모션 등의 정보가 미흡할 수 있기 때문에 지속적으로 교육훈련을 실시하는 등 관리가 필요하다.

기업은 매출을 증대하고자 하고 채널은 이윤을 극대화하고자 한다. 이때 기업과 채널의 목표가 상충하거나 채널 간에 영업구역 갈등 등이 발생할 수 있다. B2B 기업은 지속적인 고객관계관리(CRM) 활동으로 채널 파트너에게 동기를 부여하여 갈등이 발생하지 않도록 힘써야 한다. 채널 참여자들의 동기를 부여하기 위해 적절한 마진과 커미션, 공동목표를 설정하고 TMM(top management meeting)을 실시하는 등 다양한 활동을 계속 펼쳐야 한다. 이러한 활동을 통해 채널과 신뢰를 구축하는 것을 PCP(partner care program) 전략이라고 한다.

한편, 채널 갈등이 해소되지 않는다면 경제적 영향력, 법적 중재 등을 검토해야 한다. 해외에서 채널 이슈는 국제법, 상관습의 이슈가 발생할 수 있으므로 특별한 주의가 필요하다.

3-1 효율적인 PCP 실행

채널을 관리하는 방법에는 정답이 없다. 각 국가별 시장현황, 경쟁현황, 영업현황이 다르며 영업사원의 역량이 다르다. 그렇다면 어떻게 효율적으로 PCP 전략을 실행할 수 있을까? 앞에서도 언급한 바와 같이 B2B 사업 성공의 관건은 B2B 채널 발굴, 육성, 관리에 있다. B2B 채널은 단기간에 발굴되지 않으며 기존의 거래선도 지속적인 CRM 활동을 통해 고객을 관리하지 않으면 경쟁사에 거래선을 빼앗기게 된다. 따라서 체계적인 거래선 관리를 위해 PCP 전략을 실행해야 한다.

채널, 즉 파트너는 역량, 매출규모, 자사 매출 비중을 고려하여 다이아몬드, 골드, 실버 3개 그룹으로 나누고 각 그룹별 인센티브 제공, 마케팅 활동 등 차별화된 지원 프로그램을 운영한다. 영업사원이 담당하는 파트너 수는 10여 개 내외가 적당하다. 다이아몬드 30%, 골드 30~40%, 실버 30~40%의 비중을 유지하면서 거래선 그룹별로 방문주기를 정하고 그에 맞추어 방문계획 캘린더를 매월 작성한다. 당장은 매출목표가 없는 거래선이더라도 성장잠재력이 있는 곳일 경우에는 방문주기별로 지속적으로 찾아가 거래선 내부의 정보를 파악하는 기회로 삼아야 한다. 프로젝트의 키맨, 구매담당자 등의 관심사를 파악하고 지원이 필요한 부분은 없는지 계속해서 정보를 파악해야 한다.

[표 3-1] 파트너 관리 예

구분	매출목표	거래선 수	비중	방문주기	기타
다이아몬드	8	3	30%	1회/주	
골드	5	3	30%	2회/월	
실버	2	4	40%	1회/월	
전체	15	10	100%		

파트너 선정과 매출목표 설정이 완료되면 자사의 지원 정책을 지속적으로 실시해야 한다. 그중 가장 우선적으로 실시해야 하는 것이 '트레이닝(training)'이다. 트레이닝을 실시할 때는 파트너와 자사가 1:1로 교육을 할 수 있도록 하고, 반드시 거래선 사장이 참석할 수 있도록 사장의 일정을 고려하여 교육일정을 수립해야 한다. 사장

이 교육에 참석하면 파트너사의 주요 디렉터, 세일즈 매니저 등 핵심 인원이 모두 참석하게 된다. 핵심 인원이 참석하면 교육에 대한 관심도가 높아지고 교육 성과도 좋아진다. 파트너는 디밸로퍼나 컨설턴트와 같은 프로젝트의 의사결정자들을 직접 만나서 상담하므로 파트너의 역량은 바로 자사의 역량으로 연결되며, 역량이 축적되면 매출은 자연스럽게 따라온다.

다이아몬드 거래선의 경우에는 분기 1회 1:1 세미나를 실시하여 고객과 우호적인 관계를 유지해야 한다. 1:1 세미나에는 자사의 영업 디렉터, 영업사원, 엔지니어링과 서비스 분야 인원 등이 참석하여 세미나에서 제기되는 이슈 사항에 대해 즉석에서 답변이 가능하도록 한다. 그 자리에서 답변하기 힘든 사항은 언제까지 답변해줄 것인지를 정하고 기한 내에 회신을 보내 파트너와의 신뢰를 쌓아야 한다. 1:1 세미나는 고객의 요청 사항이나 고객이 필요로 하는 솔루션 중심으로 진행을 하고, 특별한 이슈가 없는 경우에는 기업고객에 사업 가능성이 있는 버티컬 솔루션★을 준비하여 제안한다.

파트너와의 PCP 미팅은 연말 또는 연초에 파트너별로 개별 미팅을 실시한다. PCP 미팅에서는 시장 트렌드 분석, 자사 신제품 소개, 거래선 실적 분석, PCP 정책 소개 등을 한다. 아울러 프로젝트 진행 현황과 연간 매출목표에 대해 거래선과 합의한다. 거래선의 요구사

★ 버티컬 솔루션이란, B2B 사업에서 단순히 제품만 공급하는 것이 아니라 고객 관점에서 고객의 니즈에 맞는 종합적인 솔루션을 제공하는 것을 말한다. 예를 들어, 호텔에 단순히 에어컨 제품을 납품하는 것이 아니라 호텔을 이용하는 고객 관점에서 필요한 TV, 객실관리 시스템, 상업용 에어컨, 호텔관리 솔루션 등 통합 솔루션을 제공하여 고객 가치를 높이는 것이다. 버티컬은 사업군에 따라 호텔 버티컬, 오피스 버티컬, 학교 버티컬, 공장 버티컬 등으로 다양하게 나누어볼 수 있다.

항은 정리하여 자사의 해결방안을 피드백해준다.

요컨대 영업을 잘하기 위해서는 채널 전략을 체계적으로 잘 수립해야 하며 지속적으로 실행하는 것이 중요하다. 그리고 필요한 경우에는 전략을 보완·수정해야 한다. 또한 영업디렉터, 영업매니저, 영업사원까지 채널 전략을 명확히 공유해야 한다. 영업사원은 자신이 관리하는 거래선(컨트랙터, 디벨로퍼 등)의 활동 상황을 상세히 파악하여 채널 전략에 부합하는 파트너로 육성해야 한다. 파트너의 신규 프로젝트가 있으면 그것을 영업 기회로 만들어 파이프라인에 인풋하고 관리해야 한다.

베트남 다낭에서 PCP 미팅 시에 있었던 일이다. 파트너로부터 다낭 지역에 5성급 H호텔을 신규로 건축할 계획이 있다는 정보를 들었다. 파트너에게 H호텔의 운영 등급, 객실 수 등 구체적인 정보를 파악해줄 것과 자사와의 미팅을 주선해줄 것을 요청했다. 성사된 미팅 자리에서 자사의 통합 솔루션과 레퍼런스를 소개하여 고객의 관심을 이끌어냈다. 이후 H호텔 프로젝트를 초기 단계부터 파이프라인에 입력하고 수차례의 엔지니어링 미팅을 통해 자사 제품으로 스펙인(spec-in)을 지원하기로 했다. 그리고 최종 비딩을 통해 자사 에어컨을 납품하였다. 이처럼 PCP 미팅 등을 통해 파트너와 지속적인 관계를 유지하고 사업 목표 및 프로젝트 정보를 공유하면서 B2B 사업을 성장시켜나갈 수 있다.

사례 PCP 전략을 수립하라

베트남에 부임하여 상업용 에어컨 사업을 확대하기 위한 마케팅 미팅을 실시했다. 다년간의 마케팅 경험을 통해 영업목표 달성을 위해서는 채널 전략이 중요하다는 사실을 알고 있었다. 베트남도 마찬가지로 채널 전략을 잘 수립하여 물류의 흐름이 원활해지면 상업용 에어컨 사업이 잘될 것으로 믿고 PCP 전략을 펼치기로 마음먹었다.

먼저, 상업용 에어컨 채널 전략을 협의하면서 세일즈 매니저에게 채널관리를 어떻게 하는지를 물었다. 세일즈 매니저는 상업용 에어컨의 채널은 150여 개가 있는데 각각의 채널과 지속적인 관계를 맺으며 수주 활동을 한다고 했다. 그중 지속적인 매출을 만들어내는 고객이 몇 개인지 물었다. 반복구매를 하는 거래선은 2개이며 나머지는 일회성으로 거래하는 구조였다. 150개 거래선이 1년에 잘해야 한 번의 주문을 낸다면 그 거래선이 자사의 파트너인가 다시 한 번 생각해보아야 할 일이었다. 물론 100만 달러 이상의 대형 프로젝트 주문을 하는 고객이라면 이야기는 달라지겠지만, 5만 달러 이내의 거래가 1년에 한두 번이면 거래선의 규모가 작거나 거래선의 매출 중 자사의 비중이 작은 거래선일 것이었다. 우선 전체 거래선 리스트에서 거래선의 매출역량을 파악하고 그중 자사의 매출규모를 파악하도록 했다. 거래선별로 매출규모를 적어나갔는데 상위 10개 이후에는 매출규모에 대해 명확한 감이 없었다. 20번째에 이르니 거래선 매출을 잘 알지 못했다. 한편, 그 옆에 자사의 매출현황도 같이 적게 해 영업현황을 그대로 보여주었다.

다음 단계로 우리의 고객이 누구인가를 다시 정의하기로 했다. 상업용 에어컨 사업을 위한 비즈니스 체계, 물류 흐름을 정리해보았다. 역시 상업용 에어컨은 가정용 에어컨에 비해 비스니스 프로세스가 복잡하고 이해당사자가 많으며 의사결정 단계가 복잡했다. 그렇다면 누가 우리의 고객인가? 자사의 최종 고객, 제품 구매의사결정에 영향을 미치는 인플루언서, 그리고 자사와 직접적인 비즈니스 계약 당사자인 컨트랙터, 제품을 설치하는 인스톨러, 설치를 감리하는 감리 업체, 유지보수를 책임지는 서비스 업체 등 다양했다. 이들이 때로는 독립적으로 활동하지만 특정 프로젝트에서는 복잡한 협력 관계로 이어져 하나의 프로젝트를 완성해가고 있었다. 상업용 에어컨 프로젝트를 수주하면서 자사와 계약 관계에 있는 컨트랙터에 대한 리스트를 별도로 만들었다. 현재 자사와 거래 중인 컨트랙터는 10여 개에 불과했다. 시장에서 자사의 위상이 파악된 것이다. 이제는 우리가 어디로 가야할지 목표를 정하면 되었다. 10개 컨트랙터를 제외하고 규모가 큰 컨트랙터 중 1년 내 자사와 거래를 할 성장잠재력이 있는 컨트랙터를 10개 추가하여 20개의 컨트랙터를 정리했다. 또한 수요 공략 대상 디벨로퍼를 10개, 컨설턴트, 설치, 감리업체 등을 10개 리스팅 했다. 즉 20개의 컨트랙터와 20개의 인플루언서로 정리가 되었다.

그런 다음 정해진 거래선을 일일이 방문하기 시작했다. 컨트랙터는 외국인 마케팅 매니저의 방문을 무척 반겨주었다. 사업 자체를 떠나서 외국인이 방문하는 것을 반겼다. 그들과 차를 마시면서 컨트랙터의 주요 타깃고객은 누구인지, 연간 매출규모가 얼마인지, 에어컨은 어떤 브랜드를 주로 취급하는지, 경쟁사 영업사원은 얼마나 자주 방문하는지, 경쟁사의 영업정책은 무엇인지, 컨트랙터에게 필요한 지원은 무엇인지, 현재 추진하고 있는 프로젝트는 몇 건이며, 금액이 얼마나 되는지 등을 파악했다. 대부분 친절하게 답변을 해주었지만 이 또한 일회성 방문이고 이러한 인터뷰를 통해 무엇이 금방 바뀔 것이라고 큰 기대를 하지는 않았다. 주요 컨트랙터를 한 차례씩 방문하고 나서 컨트랙터의 업무현황을 대강 이해하고 자사에 대한 기대치를 파악했다.

이후 컨트랙터별 역량을 고려하여 목표를 설정하고 지원프로그램을 만들고자 했다. 그러자 세일즈 매니저가 강하게 반대했는데, 우리는 B2C 사업이 아니라 프로젝트 중심의 B2B 사업을 하는 것이므로 목표를 정해주면 컨트랙터들이 부담이 생겨 자사와 사업을 하지 않을 것이라고 했다. 경쟁사인 D사는 어떻게 하는지 물었다. D사는 업계 리더로서 컨트랙터별 목표가 있고 컨트랙터가 목표를 맞추기 위해 노력을 한다고 했다. D사가 잘하고 있는데 자사가 못할 이유가 없었다. 다만, 이제까지 해보지 않은 것을 하려고 하니 초기에 적응이 잘 안 되는 것이었다. 목표를 D사에 맞춰 높게 설정하자는 것도 아니고 마케팅 지원을 D사보다 적게 하자는 것도 아니었다. 다만 컨트랙터의 수가 적을 뿐이었다.

어찌 첫 술에 배가 부를 수 있겠는가? 그러나 이 첫 발을 내딛지 않으면 채널의 변화는 일어나지 않으며 영업사원의 동기부여도 되지 않을 것이다. 수차례에 걸쳐 세일즈 매니저를 설득하고 또 설득해서 PCP 전략 방향에 대해 동의를 얻어냈다. PCP를 실시한 첫해에 실패하면 그 다음해에 문제점을 찾아 개선하면 되지 않겠는가? 세일즈 매니저를 어렵게 설득했으니 내부 영업 조직 설득은 매니저의 몫이었다. 이제는 컨트랙터별 역량을 고려하여 3단계 레벨을 정했다. 매출을 가장 잘할 수 있는 컨트랙터는 다이아몬드, 다음은 골드, 마지막은 실버 단계로 정했다. 레벨을 정하고 나서 컨트랙터별 목표를 수립하고 지원 정책을 만들었다. 컨트랙터 레벨, 즉 자사의 목표에 맞는 가격 지원 정책, 마케팅 지원 정책, 목표 달성 인센티브, 거래선 세미나, 거래선 방문 횟수 등을 구체적으로 명시해 PCP 전략을 세웠다. 그렇게 만든 PCP를 들고 거래선을 찾아갔다. 컨트랙터 사장과 목표 합의를 진행했다. 컨트랙터는 자사가 관심을 보이는 것에 호감을 가지고 자사 제품을 매출할 수 있는 방향을 찾고자 노력하는 기세를 보였다.

PCP 전략 실행 후 첫해를 넘겼다. 예상했던 대로 우리의 계획은 많은 시행착오를 겪었고 파트너들의 목표 달성은 어려웠다. 목표를 설정하는 것이 얼마나 어려운 것인지, 목표는 설정으로 끝나는 것이 아니라 영업사원들이 그것을 자신의 목표로 삼고 달성하기 위해 파트너와 함께 끈질기게 사업을 만들어나가야 한다는 것을 다시금 깨닫게 되는 시기였다. 그 후 2년차 PCP는 보다 현실적으로 수정되었다. PCP 전략 서명 시 파트너도 보다 책임 있는 모습을 보였다. 2년차 PCP를 마감하면서 실적의 개선이 나타나기 시작했다. 자사 친화적인 파트너가 누구인지가 선명해졌다. 이제는 파트너를 재선정하는 작업이 필요했다. 성과를 달성하지 못한 파트너는 레벨을 낮추고 가능성이 있는 우량 파트너로 교체하여 PCP 3년차를 진행했다. 그로 인해 PCP가 성공적으로 안착하게 되었다.

PCP를 운영하면서 가장 중요한 것은 채널과 자사와의 파트너십이다. 일반 컨트랙터는 다수의 브랜드를 취급한다. 그러므로 컨트랙터의 매출 중 자사의 매출 비중을 늘려나가는 정책을 펼쳐야 한다. 목표 설정 시 매출도 중요하지만 채널별 매출 비중(in-house share)이 더욱 중요하다. 기본적으로 채널의 매출 중 자사의 매출 비중이 30%(또는 1/3) 이상 되어야 채널이 자사를 파트너로 인식한다. 이때 매출 비중을 높이기 위해 목표를 높게 설정하면 오히려 부작용이 발생할 수 있다. 자칫해서 채널이 자사를 경쟁사로 인식하게 되면 채널은 곧바로 경쟁사 제품 판매로 옮겨갈 수 있다. 따라서 매출역량, 조직역량, 판매구조 등을 상세히 파악하여 채널이 감당할 수 있는 목표, 자사의 영업정책과 함께 시너지를 낼 수 있는 최적의 매출목표를 설정해야 한다. 그러고 나서 채널과 자사가 파트너가 되어 매출목표 달성을 위해 한 방향으로 매진해야 한다.

key point

- ✔ PCP 전략 운영의 핵심은 채널과 자사 간 파트너십 형성이다. 채널의 매출 중 자사의 비중이 30% 이상 되도록 점진적으로 늘려나가 채널이 자사를 파트너로 인식하도록 하라.
- ✔ 채널의 매출역량, 조직역량, 판매구조 등을 상세히 파악하여 최적의 매출목표를 설정한 후 채널과 자사가 파트너가 되어 목표 달성을 위해 한 방향으로 나아가라.

사례 채널 간 갈등을 관리하라

태국 법인에서 에어컨 매출을 확대하기 위해 채널을 늘려나가는 것이 중요한 과제였다. 마침 가전부문의 세일즈 디렉터를 새로 영입하였다. 일본계 P사에서 세일즈 디렉터로 일한 경력이 있어 유통채널과의 관계가 좋은 디렉터였다. 그러다 보니 기존 P사의 우수 거래선을 자사의 에어컨 거래선으로 연결해주었다. 그 중 태국 서부 중심 도시인 깐짜나부리의 PS라는 딜러를 소개받아 자사 에어컨 거래선으로 새롭게 거래를 하게 되었다. 깐짜나부리에는 자사와 거래하는 거래선의 규모가 영세하여 우수 딜러 발굴이 필요한 시점이었는데, PS딜러 발굴은 서부지역 사업 성장의 발판이 될 수 있는 기회였다.

세일즈 디렉터가 영입한 딜러와 관계를 잘 유지하여 매출을 확대할 목적으로 그가 요구하는 사항을 가능한 한 모두 들어주기로 했다. 세일즈 디렉터는 PS와 자사의 사업 초기이므로 브랜드 마케팅을 강화해서 자사의 브랜드 인지도를 높이고 하부 딜러를 개척해야 한다며 그에 대한 마케팅 투자를 요청했다. 세일즈 디렉터는 에어컨에 대한 경험은 부족했으나 시장을 보는 안목이 있어 가전채널에 대해 명확한 채널 방향을 가지고 있었다. 자사 역시 시장 개척을 위한 마케팅 투자라면 거리낄 것이 없었다. 세일즈 디렉터가 원하는 대로 마케팅 지원을 하였다. 역시 PS는 초기 물량을 기존 거래선보다 통 크게 주문했으며 지속적인 거래를 할 것이라고 했다. 초기 시장 진입은 성공적이라 판단했다. 그런데 얼마 지나지 않아 그 지역을 맡고 있는 영업사원의 볼멘소리가 들려왔다. PS딜러가 시장에서 자사의 에어컨을 저가 공세로 판매해 시장이 교란되었고 중소딜러들이 매출을 할 수 없게 되었다고 말했다. 동일한 지역 내 딜러 간 채널 경쟁을 넘어 마찰이 일어나 중소딜러들이 판매를 거부하는 상황이 벌어진 것이다.

상황을 파악하기 위해 긴급히 영업사원과 같이 깐짜나부리로 향했다. 방콕에서 깐짜나부리로 이동하는 차 안에서 영업사원과 시장상황, 채널 간 충돌 이슈, 대응방안과 깐짜나부리 시장 육성 방향에 대해 많은 이야기를 나누었다. 깐짜나부리 시 초입에 들어서니 PS가 만든 자사 에어컨 광고 배너가 도로 양 옆에서 나부끼고 있었다. 우선 자사와 거래를 지속적으로 해오던 중소딜러를 만나서 상황을 파악하고 요구사항을 들어보기로 했다. 중소딜러는 PS가 자사 에어컨 가격을 저렴하게 하여 자신의 하부딜러들에게 물량을 유통시킨다고 하면서 이런 식으로 딜러를 보호해주지 않으면 더 이상 판매를 할 수 없다고 토로했다.

대충 상황을 파악한 나는 PS딜러를 찾아갔다. PS거래선 상점 입구의 가장 좋은 위치에 자사 제품이 전시되어 있는 등 판매에 신경을 쓴 흔적이 곳곳에 보였다. 그런데 제품을 경쟁딜러보다 싸게 판다는 현수막이 입구에 크게 설치되어 있었다. 서부지역의 맹주인 PS가 매출을 확대하기 위해 가격을 싸게 해서 중소딜러의 채널을 끌어오려는 전략을 펴는 것이 명확해 보였다. 나는 PS를 만나서 따지듯 말했다. 자사 제품의 매출을 늘려주는 것은 감사한 일이나 저가 공세를 통해 시장을 교란하는 것은 상도덕에 어긋나는 행동이라고 나무라며 가격을 경쟁사와 같은 수준으로 올리라고 요구했다. 그러자 PS는 자신은 열심히 물건을 팔고자 마케팅 활동을 하는데 왜 못하게 하느냐며 오히려 불만을 표시했다. 자사가 언제 판매가격에 대해 가이드를 제시해 준 적이 있느냐고 반문했다.

아뿔싸! 회사에서 가격을 포함한 판매정책을 신규 거래선에 전달하지 않은 것이다. 더 이상 협의가 되지 않을 것 같아 우선 영업사원을 데리고 매장을 빠져나왔다. 인근 카페에 들어가 어찌된 일인지를 영업사원에게 파악하고 대응방안을 논의했다. 영업사원은 이미 엎질러진 물은 주워 담을 수 없지만 지금으로서 최선의 수습방안은 목표물량을 줄이더라도 가격은 경쟁가격으로 조정하는 것이 좋겠다고 제안했다. 영업사원과 함께 다시 PS를 방문하여 자사의 영업정책과 가격정책을 설명하고 가격을 조정해줄 것을 요구했다. PS는 탐탁하지 않은 표정을 지었지만 공정경쟁을 요구하는 상황을 수긍했다. PS가 에어컨 가격을 시장가격 수준으로 조정하기로 합의했으니, 매장 앞에 걸어둔 저가격 현수막은 거두어달라고 요청했다. PS가 그렇게 하겠다고 해서 그럼 현수막을 내가 가져가도 되겠는지 물었다. PS도 동의하여 가격 현수막을 내리고 트렁크에 실어 방콕으로 향했다.

일련의 상황을 마무리하고 돌아오는 길에 채널 관리의 중요성을 실감했다. 또한 신규 거래선 발굴 시에는 거래선 방문을 통해 역량을 파악한 후 마케팅 활동을 적절히 지원하여 기존 채널과의 충돌이 생기지 않도록 관리해야겠다고 다짐했다.

그런데 PS와의 이슈는 그때부터 시작이었다. PS가 방콕의 세일즈 디렉터에게 전화해 "한국인이 와서 매장에서 난리를 치고 에어컨 현수막을 떼어 갔다"고 전달한 것이다. 이 새로운 상황은 곧바로 법인장에게 보고되었다. 방콕으로 돌아가는 도중에 법인장의 전화를 받았다. 법인장은 전화기에 대고 세일즈 디렉터가 거래선을 발굴했으면 적극 지원을 하지는 못할망정 왜 거래선과 마찰을 일으키고 다니느냐며 화를 냈다. 상황이 뭔가 이상하게 돌아가고 있었다. 세일즈 디렉터가 발굴한 PS거래선과 깐짜나부리 중소거래선 사이에 발생한 채널 갈등을 정리하고자 했던 나의 의도는 보이지 않고, 내가 거래선과 의견 충돌을 일으키고 다닌다고 와전된 것이었다. 그러한 상황은 본사에까지 전해졌고 법인장은 마케팅 디렉터의 자질을 문제 삼으며 교체 의견을 내세웠다.

얼마간의 시간이 지난 후 법인장의 노기는 누그러지고 마케팅 디렉터 교체 건은 본사 임원과의 조율을 통해 다시 한 번 기회를 주는 것으로 일단락되었다. 이 일을 겪으며 거래선 관리의 중요성을 다시금 깨닫게 되었다. 신규 거래선을 발굴할 때에는 직접 방문 또는 상담을 통해 거래선의 역량을 파악하고 자사의 영업정책을 충분히 설명하여 채널 간 충돌이 발생하지 않도록 초기부터 유통을 관리하는 것이 중요하다는 것을 뼈저리게 느꼈다. 또한 신규 채널 발굴 시에는 기존 채널과 갈등이 발생하지 않도록 시장세분화, 지역세분화와 같이 더욱 구체적인 시장·채널 전략을 수립해야 하며, 채널 전략을 실행할 때는 이슈가 발생하지 않도록 지속적인 점검·관리가 필요하다는 것을 깨닫게 되었다. 아울러 이러한 문제가 내부 조직 간 매출 달성을 위한 경쟁에 의해 발생된 점을 고려하여 이후에는 내부 영업사원 교육

시 자사의 채널정책을 명확히 하고 채널 갈등이 발생치 않도록 사전에 영업정책에 대한 교육을 보강하였다.

key point

- ✔ 채널 관리의 중요성을 기억하라.
- ✔ 신규 거래선 발굴 시에는 기존 채널과의 충돌이 생기지 않도록 철저한 사전 조사와 관리가 필요하다.

사례 성동격서로 공략해 기존고객과 신규고객을 모두 잡아라

동남아 사람들에게 공통적으로 발견되는 것은 여성의 경쟁력이다. 동남아에서 에어컨 사업을 하면서 유독 여성 사장님들을 자주 만났다. 보통 거래선 사장이 여성인 경우 남편은 주로 한량이다. 여사장의 운전기사를 하든지, 창고관리를 하든지 여사장 주변에서 허드렛일을 하는 경우가 많다. 그동안 만난 여사장 중 유독 기억나는 사람이 있는데, 바로 홍로이남이라는 거래선이다. 홍 사장은 베트남 남부지역의 에어컨 시장을 쥐고 흔드는 업계의 큰손이다. 무엇보다 그녀는 에어컨 업계의 생리를 잘 이해하고 있었다. 에어컨 브랜드 회사는 월별 매출 마감을 하기 때문에 월말 매출이 부족할 경우 영업사원이 찾아온다는 것을 알고 있었다. 월말에 특정 브랜드가 판촉지원을 더 해주는지를 저울질하며 가장 유리한 쪽으로 물량을 배분해주었다. 이러한 상황을 잘 알지만 나도 매출이 급할 때는 그 채널을 활용하기도 했다.

베트남에 부임하여 남부시장을 돌아보니 남부의 큰손인 홍로이남과 자사와의 거래가 이루어지지 않고 있었다. 이유를 알아보니 지역 내 기존의 딜러인 V가 홍로이남과 거래를 하면 거래관계를 끊겠다고 으름장을 놓았기 때문이었다. 자사의 경쟁 브랜드인 D브랜드와 P브랜드는 시장에서 홍로이남과 V딜러, 두 거래선의 매장에서 동시에 판매되고 있는데 유독 자사만 두 딜러에게 동시에 판매가 되지 않는 상황은 이해할 수 없었다. 회사 입장에서는 두 거래선과 동시에 거래를 하는 것이 유통도 확대하고 판매량도 늘릴 수 있는 기회였다.

두 거래선과 동시 매출을 올리기 위한 방법을 고민했다. 세일즈 매니저는 홍로이남은 매출은 얼마 되지 않는데 요구사항도 많고 거래하기가 불편하다고 했다. 기존 V딜러와 경쟁관계에 있는 홍로이남과 거래를 하면 V딜러가 물량을 줄일 것이라고 겁을 주기도 했다. 그러나 V딜러의 물량은 한계가 있고 시장 커버리지가 약한데 V딜러의 매출만 바라보고 있을 수는 없었다. V딜러와의 관계를 최대한 유지하면서 홍로이남과 거래를 할 수 있는 방법을 찾기로 했다. 일단 V딜러를 방문하여 매출 확대를 위해 매장 전시 지원을 해주겠다고 하고 자사가 홍로이남과 거래를 하겠다고 말했다. 역시나 V딜러는 불편한 기색을 내비쳤지만, 자사 입장에서는 V딜러의 일부 매출 감소를 수용하더라도 두 거래선의 총매출 증가를 꾀하는 것이 옳다고 생각되어 실행에 옮겼다. 예상대로 V딜러의 매출 감소가 일부 있었지만 홍로이남의 매출 증대로 충분히 커버할 수 있었다. 그러나 여전히 홍로이남 매장에서 자사의 비중은 10% 수준이었다. 홍로이남 매장에서의 브랜드별 비중(in-store share)을 고려하면 주력 브랜드로서의 위상을 갖기에는 갈 길이 멀었다. 자사 비중을 25~30%까지 끌어올릴 필요가 있었다.

홍로이남의 매출 비중을 늘리기 위한 방법을 고민하다가 홍로이남과 V딜러 두 거래선의 경쟁 관계를 이용하는 것이 좋겠다는 생각이 들었다. 먼저, 서운해하는 V딜러를 달래주고 매출도 증대시킬 방법을 찾았다. V딜러가 매출 증대 방안으로 하부딜러 대상 제품 세미나를 열면 자사가 마케팅을 전적으로 지원해주겠다고 제안했다. V딜러는 자사와 거래를 단절할 수 있는 상황이 아니므로 세미나를 진행하기로 했다. 자사는 행사장 준비, 제품 전시, 세미나 준비를 했다. 80여 개의 하부딜러가 참석하여 자사 제품에 대한 이해도를 높이는 시간을 가졌다. 패키지 프로그램 행사도 진행하여 세미나장에서 하부딜러들에게 직접 주문도 받았다. 이렇게 해서 V딜러와의 분위기도 개선하고 매출도 증가하는 효과를 보았다.

예상했던 대로 행사 소식은 바로 홍로이남의 귀에 들어갔다. 홍로이남은 자신이 자사 물량을 더 많이 하는데 왜 V딜러만 지원하느냐고 항의했다. 홍로이남에게도 같은 지원을 하기로 하고 제품 세미나를 준비해나갔다. 홍로이남은 V딜러보다 행사 규모를 크게 해 200여 하부딜러를 모으기로 했다. 홍로이남은 하부유통 커버리지가 넓어 행사가 더욱 크게 진행되었고 많은 주문을 받게 되었다. 세미나 이후 홍로이남과 자사는 전략적 관계를 맺고 홍로이남의 매출 중 자사 제품의 비중을 30% 수준으로 맞추기로 합의했다(물론 V딜러도 매출은 이전 수준으로 회복되었지만 V딜러의 매출규모는 홍로이남의 절반에 미치지 못하는 수준이었다). 이 같은 채널 확대 활동을 통해 자사 매출은 전년대비 33% 성장하는 성과를 올리게 되었다.

매출 성장을 위해서는 우량 거래선의 채널 확대가 지속적으로 이루어져야 한다. 그 과정에서 일부 잡음은 피할 수 없더라도 전체 파이를 키울 수 있도록 채널 관리를 해야 한다. 또한 사업관계에서는 '영원한 적도 없고 영원한 친구도 없다'라는 점을 다시 한 번 떠올리며 채널과의 관계를 해치는 일이 발생하지 않도록 시장 전체 관점에서 채널 전략을 유지해야 한다.

key point

- ✔ 우량 거래선과의 채널 확대로 매출 성장을 꾀하라.
- ✔ 시장 전체 관점에서 채널 전략을 유지하여 전체 파이를 키워라.

사례 CRM으로 고객의 충성도를 높여라

13억이 넘는 인구의 거대한 나라 인도. 인구로 보나 면적으로 보나 언어로 보나 단일국가로 보기에는 너무나 다양한 문화를 지닌 나라다. 대국답게 인도에는 블루스타(Blue Star), 볼타스(Voltas)와 같은 현지 에어컨 생산·판매 브랜드가 전국적인 유통망을 확보하고 있다. 이에 자사도 2000년부터 본격적으로 상업용 에어컨 사업을 성장시키기 위해 전국적인 채널 확대를 위한 마케팅 활동을 실시했다. 주요 도시는 물론이고 지방도시에도 채널을 넓혀가기 시작했다. 채널 인센티브 프로그램으로 매출목표를 달성한 거래선을 대상으로 한국을 여행할 수 있는 패키지 프로그램을 운영했다. 채널 확대 전략의 일환으로 추진한 이 프로그램은 거래선들의 많은 관심을 불러일으키고 매출 증대에 기여하게 되었다.

당시 인센티브 프로그램으로 한국 방문을 희망하는 거래선이 200여 명이나 되었다. 그 많은 인원을 대상으로 한국 투어 프로그램을 운영하는 것은 쉽지 않은 일이었다. 이동, 숙소, 식사, 참여 프로그램 운영 등에 세심한 관리가 필요했다. 12월 중순, 드디어 인도의 거래선 200여 명이 인천공항에 도착했다. 한국 날씨에 대한 정보가 부족해 미처 방한복을 준비하지 못한 거래선들이 무척 추워했다. 일부 지역을 제외하면 영상 20도를 내려가는 경우가 거의 없는 인도에 비해 영하의 한국 날씨가 무척 춥게 느껴지는 모양이었다. 당장 급한 대로 몇몇 고객에게 방한복을 준비해주었다.

호텔에 도착해서는 식사가 문제였다. 인도인 중에는 채식주의사들이 적지 않은데, 어떤 사람은 육류만 먹시 않고 어떤 사람은 동물에서 나온 우유, 계란까지 먹지 않는 등 다양하기 때문에 개별 입맛을 맞추기가 까다로웠다. 그래서 호텔 뷔페식당의 주방에 요청해 채식주의자들의 식성에 맞도록 여러 종류의 채식을 준비하고, 닭고기와 양고기 그리고 인도식 카레를 준비했다. 또 메뉴별로 재료를 명시하여 음식 선택에 도움이 되도록 배려했다.

창원의 공장투어를 다닐 때는 거래선들의 관심사가 제각각이라서 여러 가지 행사 일정을 맞추기가 쉽지 않았다. 공장에서 제품 소개를 마치고 생산라인 투어를 시작했는데 거래선들은 상업용 에어컨의 생산 라인을 보며 많은 궁금증을 쏟아냈다. 생산 제품의 품질관리는 어떻게 하느냐? 일일생산량은 얼마나 되는가? 부품을 공급하는 무인 로봇들은 어디서 구입하는가? 쏟아지는 질문에 가능한 한 충실히 답변을 하느라 생산 라인이 혼선을 빚기도 했다.

서울에서의 시내관광 등 주요 일정을 모두 마무리하고 마지막 행사로 환송만찬을 준비했다. 연말이라 200명을 수용할 만한 장소를 예약하기 쉽지 않았는데 여행사에서 한강유람선상에서의 환송 이벤트를 제안했다. 나름 의미 있는 장소가 될 것 같아서 그대로 추진했다. 12월 중순 한강에는 매서운 바람이 몰아쳤지만 유람선 안 연회장은 훈훈한 열기로 채워졌다. 자사 직원들과 거래선들 서로가 파트너라는 동질감을 느끼며 소통의 시간을 가졌다. 앞쪽에는 무대가 있었는데 분위기가 무르익자 거래선들이 하나 둘 나와 노래를 불렀다. 어느새 연회장은 인도인들의 노래와 춤이 어울린 축제의 장이 되었다. 필자도 거래선과 무대에서 같이 춤을 추며 함께 했다. 인도와 한국이 에어컨을 매개로 하나가 되는 시간이었다. 환송만찬을 마치며 거래선들이 소감을 이야기하는데 자사의 정성 어린 준비와 진행에 모두들 만족과 감사를 표시했다.

그리고 8년이 지난 어느 날, 인도의 서부시장을 조사할 기회가 있어서 뭄바이에 들렀을 때였다. 한 거래선과 상담을 하는데 거래선이 자사의 초청으로 한국을 방문한 적이 있다고 했다. 언제인가 물어보니 내가 참여했던 8년 전 그 행사였다. 그는 한강 유람선에서 보낸 즐거운 시간이 아직도 기억에 남는다고 했다. 서로 추억을 떠올리며 편안한 대화를 나누고 자연스레 일 얘기로 이어졌다. 이처럼 고객과의 공감대가 형성되면 사업은 저절로 따라오기 마련이다. 미팅을 마치고 떠나려는데 거래선이 언제 준비했는지 작은 선물과 꽃다발을 건넸고 함께 기념사진을 찍었다.

채널을 관리하는 데 중요한 화두가 고객관계관리(customer relationship management, CRM)다. 고객관계관리란 고객과 지속적인 관계를 유지하기 위한 마케팅 활동을 일컫는다. 고객관계관리는 한순간의 노력으로 이루어지는 것이 아니다. 고객과 기업 간에 지속적인 관계가 쌓여 고객의 마음속에 기업에 대한 추억, 신뢰가 형성되어야 한다. 이러한 고객관계관리를 시스템적으로 관리하고자 하면 고객이 관심을 보인 것이 무엇인지, 구매제품은 무엇인지, 고객과의 프로젝트를 어떻게 진행했는지 등에 관한 데이터를 충실히 확보해야 한다. 그리고 이를 바탕으로 고객에게 부가가치를 제공할 수 있는 방법을 고민하면서 관계를 지속적으로 만들어가야 한다. 그러면 기업에 대한 고객의 신뢰도, 충성도가 높아지고 충성고객으로 남아 지속적인 구매를 이끌어낼 수 있다. 그러나 이보다 중요한 것은 고객관계관리는 시스템으로만 하는 것이 아니라, 고객을 향한 사랑과 정성을 바탕으로 고객과의 경험을 쌓아가는 것이라는 점이다.

key point

✔ 고객관계관리로 고객과 공감대를 형성하고 지속적인 신뢰 관계를 구축하라.

✔ 고객관계관리는 시스템적으로 하더라도 고객에 대한 사랑과 정성이 밑바탕이 되어야 한다.

4 프로모션 전략

프로모션(promotion)이란 현재 고객 또는 미래 고객을 대상으로 회사의 상품이나 서비스에 대한 정보를 제공하며, 구매를 자극하고 유도하는 제반 활동을 말한다. 이전에 설명한 제품, 가격, 채널은 고정적인 측면이 강하나 프로모션은 변동적 성격이 크기 때문에 잦은 의사결정을 필요로 한다. 프로모션은 시시각각으로 변하는 상황에 적정한 마케팅 프로그램으로서 소비자, 도매상, 채널 등 다양한 고객을 대상으로 시의적절하게 판매 촉진을 할 수 있다.

프로모션의 목표에는 매출 확대뿐만 아니라 브랜드 인지도 제고, 경쟁사 대응, 잠재고객 파악, 사회문화적 활동 등의 다양한 활동 목표가 있다. 프로모션은 광고, 홍보와 같은 간접적 커뮤니케이션 활동이 있고 판매촉진, 인적판매 등과 같은 직접적 판매 유발 활동이 있다. B2B 프로모션으로는 인적판매가 가장 중요하고 그다음으로 판매촉진, 광고, 홍보 순으로 중요하다. 특히 고가상품, 엔지니어링 제품, 비규격품 등의 경우에는 인적판매에 의한 활동이 매우 중요하다.

주요한 프로모션 활동으로는 광고, 세일즈 프로모션, 홍보, 인적판매, IMC 등이 있다.

4-1 광고

광고(advertising)는 TV, 신문, 라디오, 메일, 옥외광고 등과 같이 다양한 매체를 통해 고객과 커뮤니케이션하는 활동이다. B2B 광고는 인적판매의 보조 역할을 하기도 하는데 영업사원이 고객을 만나기 전 광고를 실시하면 효율적이다. B2B 광고의 한 연구에 따르면, 기업광고에 노출된 고객이 그렇지 않은 고객에 비해 촉진비용이 10~30% 낮게 지출된다고 한다. 그만큼 B2B에서도 광고의 중요성이 부각되고 있다. 그런데 불특정 다수의 고객을 대상으로 하는 광고는 투입 대비 마케팅 활동 성과를 측정하기 어렵고 효과도 불분명하므로 B2B 타깃고객에 집중한 광고 활동이 필요하다. 예를 들어, 에어컨의 경우에는 냉동공조 업계에서 발간하는 공조전문 잡지에 광고를 하면 타깃고객이 집중되어 효율적인 마케팅이 될 수 있다. 노한 공조 전시회에서 확보한 고객의 이메일 주소로 메일링을 하는 방법도 고려해볼 수 있다.

4-2 세일즈 프로모션

세일즈 프로모션(sales promotion)은 다양한 인센티브를 제공함으로써 고객을 설득하고 유인하여 제품, 서비스의 매출 증대를 꾀하는 활동이다. 이러한 판촉 활동에는 상품 전시, 진열, 박람회, 제품 시연 등이 있다. 세일즈 프로모션을 통해 매출 증대뿐만 아니라 신규고객 유인, 잠재고객 데이터 확보, 신제품 고지, 기업 인지도 상승 등의 효과를 거둘 수 있으며 장기적으로 브랜드 가치를 높일 수 있다. 시장 성숙화, 제품 차별화 감소, 고객욕구의 다양화 등으로 매체의 중요도가 떨어지면서 세일즈 프로모션의 중요성은 점점 커지고 있으며 그에 따른 비용 투자도 확대되고 있다.

프로모션에는 고객판촉과 유통판촉이 있다. 고객판촉에는 고객 초청 제품 시연, 프리미엄 선물 증정, 리베이트, 보너스 팩 제공, 가격 할인, 이벤트 후원 등등 대상 고객에 초점을 맞춘 다양한 활동이 있다.

유통판촉에는 도매상 판매 콘테스트 및 인센티브 제공, 도매상 특별 할인, 매장 전시 지원, 프로모터 교육, 채널 브랜드숍 운영, 전시회 참가 등 다양한 활동이 있다. 예를 들어, 판매 인센티브를 실시하여 매출 달성에 따라 해외여행 프로그램을 운영하는 것은 B2B 업계에서는 매우 일반화된 프로모션이다. 전시회는 B2B 시장에서 기업의 신제품을 전시·홍보하고 잠재고객을 확보할 수 있는 중요한 판촉수단이다. 미국의 한 연구에 의하면 전시회의 고객 상담 비용은 영업사원 방문 비용의 64%밖에 되지 않는다고 한다. 전시회는 사전준비, 전시행사, 사후관리 단계로 나눌 수 있다. 사전준비 단계에서는 잠재고객에게 초청 메일을 발송하여 전시회 참가 방법과 부스 등을 안내한다. 전시행사 준비 단계에서는 참가 고객의 동선에 맞추어 제품 전시 및 시연을 준비하고 상담 자료와 절차 등도 세밀히 준비한다. 사후관리 단계에서는 전시회 참가 고객의 프로파일을 정리해 차기 전시회 참가 여부를 결정하고, 가망고객에 대해서는 영업사원이 직접 방문해 추가 상담을 진행한다. 이와 같이 체계적인 전시회 기획, 실행, 관리가 이루어져야 유통판촉 효과를 거둘 수 있다.

4-3 홍보

홍보(publicity)는 별도의 비용이 발생하지 않는 형태의 프로모션으로 대중매체를 통한 제품 뉴스 발송, 관련 전문잡지에 기사화, PR(public relations) 뉴스레터 등을 발송하는 것이다. 에어컨의 경우 〈BSRIA〉, 〈JARN〉 등과 같은 공조 전문 잡지에 신제품, 신기술, 영업활동 등을 홍보할 수 있다. 제품 전문 잡지는 해당 분야에 종사하거나 관심이 많은 고객들이 찾아보기 때문에 보다 상세한 정보 제공을 통해 고객과 커뮤니케이션해야 한다. 앞서 광고에서 언급한 바와 같이 냉동공조 전문매체 등에 홍보 활동을 할 때 광고를 함께 게재하면 시너지 효과를 낼 수 있다.

한편, 이러한 홍보 활동을 위해서는 기업 내 홍보담당자 육성이 필요하다. 홍보담당자는 기업의 제품, 서비스 관련 메시지가 다양한 매체에 실리고 고객들에게 일관되게 전달될 수 있도록 하는 역할을 수행한다.

4-4 인적판매

B2B 사업에서 인적판매(personal selling)는 가장 중요한 판촉활동이다. 마케터는 고객의 니즈를 파악하고 제품을 공급하여 고객의 만족을 통한 가치를 창출하는 최전선에 있다. 그러므로 마케터는 고객에게 컨설턴트로서 영업활동을 할 뿐만 아니라 고객의 문제를 효율적으로 해결해주기 위해 노력하는 태도를 보여야 한다. 이는 마케터가 속한 기업이 고객의 문제를 밸류체인(가치사슬) 전체 관점에서 바라보고 무엇이 고객에게 이익이 되고 효율적인가를 검토하고 제안할 때 이루어질 수 있다. 이러한 제안 오퍼링(consultative offering)을 통해 기업은 고객의 가치를 증가시킬 뿐만 아니라 크로스셀링(cross selling), 업셀링(up selling)★의 사업기회도 창출할 수 있다.

구매센터 내에서 구매제안자는 제품 선택의 타당성을 중시하고, 사용자는 사용 편리성과 유지보수의 편리성을 중시하며, 구매결정자는 합리적인 가격을 중시한다. 마케터는 이처럼 다양한 고객의 니즈를 이해하고 충족시키기 위한 영업활동을 해야 한다. 이를 통해 고객 가치를 창출하면 매출은 자연스럽게 증가하기 마련이다.

★ 크로스셀링은 제품 판매 시 연관된 다른 상품까지 동일한 고객에게 판매하는 기술을 말한다. 업셀링은 동일한 고객에게 보다 가치 있는 (높은 가격의) 상품을 제시해서 판매하는 기술을 말한다.

4-5 통합 마케팅 커뮤니케이션

통합 마케팅 커뮤니케이션(integrated marketing communication, IMC)은 각각의 프로모션 활동이 하나의 커뮤니케이션 방향으로 진행되어야 성과를 높일 수 있다. 마케터는 커뮤니케이션 프로그램을 개발할 때 목적, 청중, 예산, 메시지, 평가의 요소를 고려하고 통합하는 활동을 해야 한다.

커뮤니케이션의 목적이 인지도 제고인지, 매출 확대인지 마케터가 정량적으로 정의해야 사후 평가를 객관적으로 진행할 수 있다. 그리고 타깃고객이 명확히 정의되어야 해당 고객에게 적합한 메시지 전달이 이루어질 수 있다. 이때 매체 선정은 B2B 전문매체, 이메일, 전시회, 판촉 아이템, PR 등을 활용할 수 있다.

예산 확보는 마케팅 활동의 가장 중요한 의사결정 사항이며, 예산 수준은 회사의 방침에 따라 다양한 방법으로 결정할 수 있다. 일반적으로 업계 평균적으로 매출액 대비 몇 퍼센트라는 방식으로 예산을 준비하거나, 브랜드 인지도 몇 퍼센트 상승을 위한 노출을 고려한 방식으로 예산을 수립한다.

커뮤니케이션 활동에는 대체로 많은 예산이 투자되기 때문에 내부적으로 의사결정이 필요하다. 마케터는 예산 투입의 타당성과 결과 예측에 대해 최대한 객관적인 제안을 함으로써 원활한 의사결정을 이끌어내야 한다. 또한 커뮤니케이션 활동 결과를 계획 대비 객관적으로 평가하고 개선점을 파악해야 한다. 평가 결과는 향후 마케팅 활동 여부를 결정할 수 있는 좋은 참고자료로 사용할 수 있다.

1) 360° IMC

360° IMC는 360° 관점에서 실시하는 전방위 마케팅 활동을 말한다. 신제품 출시에 앞서 카탈로그, 로드쇼, 홍보, 광고, 애프터서비스 등 모든 영역을 마케팅 도구로 활용하여 고객에게 일관된 메시지를 전달하고자 하는 활동이다. 360° IMC를 하기 위해서는 제품시장 전략이 명확해야 한다. 즉 어떤 제품을 어느 시장에 판매할 것인지 명확히 하고 관련 조직 간에 합의를 이루어야 한다. 제품시장 전략을 세울 때는 전문가의 지원을 받아 고객조사, 시장조사를 실시하고 기업의 차기 출시되는 신제품을 포함하여 제품의 특장점, 경쟁사 분석을 실시한다. 시장조사를 실시하여 자사가 강점이 있는 채널이 어디인가, 어느 채널에 자사의 제품을 포지셔닝할 것인가를 정리한다.

포지셔닝이 정해지면 마케팅 콘셉트를 정한다. 예를 들어, 상업용 에어컨의 콘셉트를 '인버터 기술을 활용한 에너지 절감 및 비용 절약'이라고 정했다면 그에 맞게 모든 마케팅 계획을 세운다. 마케팅 계획은 어떤 마케팅 툴을 활용할 것인지, 어떻게 진행할 것인지, 언제 진행할 것인지 등을 고려해 구체적으로 수립해야 한다.

(1) 영업 자료

360° IMC에서 가장 중요한 것은 영업 자료(sales material)이다. 영업 자료에는 제품의 정보가 모두 들어 있고 특징이 잘 표현되어 있어야 한다. 특히 고객이 이해하기 쉽게 제품의 특장점이 고객의 언어로 표현되어 있어야 한다. 영업 자료에는 제품 카탈로그, 엔지니어링 제품 데이터북(product data book), 제품 전시스탠드, POP(point of

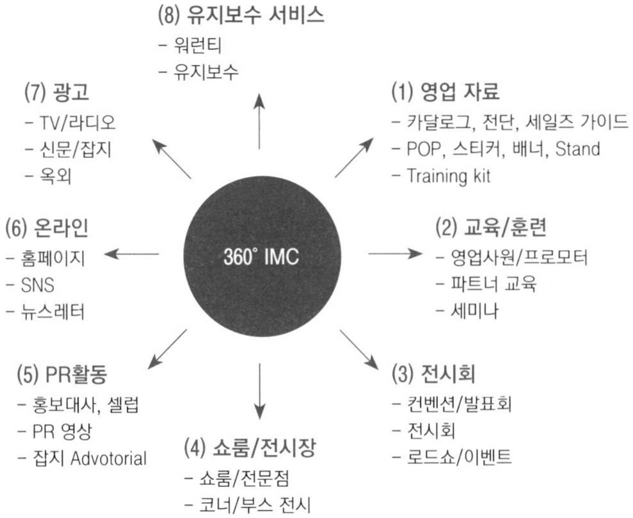

[그림 3-5] 360° IMC

purchase. 매장에서 고객에게 보여주는 일체의 광고물로 스티커, 포스터, 상품 안내판, 가격표 등), 교육용 자료 등이 포함된다.

(2) 교육/훈련

B2B 사업을 하는 데 가장 중점을 두어야 하는 것이 교육/훈련이다. 기업은 우선적으로 내부 영업사원의 역량을 제고시켜야 한다. 영업사원이 만나는 B2B 고객은 해당 분야의 전문가다. 고객은 영업사원의 역량을 검증하고자 하며 역량이 없다고 판단되면 커뮤니케이션 파트너로 상대하지 않는다. 따라서 영업사원은 해당 제품에 대해 전문가가 되어야 하며 고객의 사업에 대해서도 해박한 지식을 갖추어야 한다.

기업은 사내에 교육/훈련 부서를 마련하고 영업사원들이 전문가로 거듭날 수 있도록 이끌어야 한다. 필요시 내부 엔지니어링 역량을 평가하는 기준을 만들어 영업사원의 엔지니어링 역량을 평가하고 제고하는 방법을 활용할 수 있다. 일본의 D사는 신입사원 채용 후 6개월 동안 업무에 투입시키지 않고 교육만 시킨다고 한다. 6개월간 각 사업별로 제품 이론과 실습을 병행하며 진문교육을 실시한다고 한다. 사업에 대한 이해를 바탕으로 고객사를 대상으로 사업 컨설팅을 할 수 있는 역량을 기르는데, 고객사와 관계가 형성된 뒤 사업 전략을 제안할 수 있는 수준까지 갖춘다고 한다. 또한 교육을 마치고 현업 부서에 배치된 후에는 매년 정기적으로 일정 기간 보수교육을 실시하고 교육 내용을 인사고과에 반영한다고 한다. B2B 사업에서 영업사원의 역량은 프로젝트 수주에 큰 영향을 미치므로 영업사원에 대한 교육은 지속적으로 이루어져야 한다.

(3) 전시회

냉동공조 제품의 경우를 살펴보면, 매년 중요한 전시회가 각 지역별로 진행된다. 매년 1월 열리는 북미 최대의 냉동공조 전시회 AHR 엑스포를 필두로 유럽의 MCE(Mostra Convegno Expocomfort), 중국의 제냉전(China Refrigeration Expo), 한국의 HARFKO가 대표적인 냉동공조 전시회다. HARFKO는 세계에서 4번째로 큰 공조 전문 전시회로 매년 3월 킨텍스에서 개최된다. 2019년에는 23개국 260여 업체가 참가하여 성황리에 개최되었다. 전시회 주최측에서는 중국, 필리핀 등 주요 냉동공조협회의 인사를 초청하고 바이어 상담창구, 신제품 세미나, 냉동공조 기능경기대회 등을 열어 전시회를 더

욱 알차게 진행하였다.★

최종고객을 상대하는 B2C 마케팅과 달리 B2B 사업은 대고객 광고를 하기 어려운 상황이므로 전시회를 통해 제품, 기술 소개를 하는 것이 효율적이다. 전시회를 방문하는 이들은 대부분 해당 전시에 관심이 있어 찾아온 사람들이므로 자사 사업의 잠재고객이 될 수 있다. 이렇게 방문한 고객의 상담 내용과 프로파일을 관리하여 추후 방문상담으로 연결하면 영업성과를 높이는 데 기여할 수 있다. 그러므로 연도별 관련 전시회 일정을 참고해 필요한 전시회에 참가하거나 참관하여 관련 업계의 동향을 파악하고 잠재고객을 확보하는 계기로 삼는 것이 좋다.

(4) 쇼룸/전시장

B2B 고객은 주로 기업이나 채널 파트너가 많다. 제품에 관심을 갖게 된 고객사는 구매를 결정하기 전에 제품을 보거나 실제로 설치된 레퍼런스를 보고자 하는 경우가 많다. 따라서 자사의 제품을 보여줄 쇼룸이나 전시장이 필요하다.

쇼룸이나 전시장을 어느 곳에 몇 개를 운영할 것인가, 어떻게 운영할 것인가에 따라 투자비의 규모가 달라진다. LG전자의 경우 강남구 논현동에 B2B 쇼룸을 운영하고 있다. 이곳에는 B2B 고객의

★ 이번 행사에서는 LG, 삼성 등 다수의 기업에서 사물인터넷기술(IoT)을 융합한 다양한 제품을 전시해 많은 관람객의 관심을 끌었다. 특히 공기질이 사회적 이슈가 되고 있는 상황에서 미세먼지 농도를 가시화하는 기기, 공기질 개선 관련 환기제품의 출시가 대폭 늘었다. 이처럼 냉동공조 전시회는 공조 전문업체의 트렌드와 신기술 정보를 파악하고 B2B 공조산업의 사업기회를 늘리는 데 중요한 역할을 하고 있다.

요구에 대응하기 위해 빌트인용 전자제품뿐만 아니라 LG하우시스의 창호, 벽지, 장판 등을 전시하여 가정용 B2B 제품도 볼 수 있도록 하고 있다. 이는 건설사가 주택건설에 필요한 자재를 한곳에서 볼 수 있다는 이점이 있으며, 단독주택을 직접 짓고자 하는 고객의 수요를 반영한 것이기도 하다.

기업이 직접 쇼룸이나 전시장을 운영하지 않고 채널 파트너와 제휴를 하는 방안도 있다. 파트너가 전시공간을 마련하고 운영하며 자사는 제품 전시 및 인테리어를 지원하는 식이다. 이렇게 하면 채널 파트너는 브랜드 제품에 대해 더욱 로열티를 가지고 사업을 할 수 있으며, B2B 기업은 전시장 관리 비용을 절감할 수 있다는 이점이 있다.

(5) PR 활동

홍보(public relations)는 저렴한 비용을 투입하여 최대의 광고 효과를 낼 수 있는 마케팅 채널이다. 그런데 현실적으로 홍보의 기능을 잘 활용하기는 쉽지 않다. 기업은 홍보를 잘하기 위해 전문인력을 두거나 외부의 PR 업체를 이용하기도 한다. 이때 제품의 특장점을 잘 설명할 수 있는 PR 기사를 준비하고 PR 업체는 내용을 효과적으로 전달할 수 있도록 기사화한다.

B2C 고객 대상의 매체 광고는 비용이 많이 들지만 B2B 전문 채널을 통한 홍보는 적은 비용으로 타깃고객에게 효율적인 홍보를 할 수 있다는 장점이 있다. 특히 회사의 제품 홍보 영상은 전시회, 세미나 등에서 유용하게 활용할 수 있어 비용투입 대비 효과적이다. 또한 관련 업계의 잡지(공조 전문, 에너지 전문, 건축 전문 등)에 회사 소

개나 제품 홍보 기사를 게시하여 잠재고객의 관심을 끌고 상담으로 연결할 수도 있다. 협회나 대학 등과의 제휴, 사회 유명인사와의 연계를 통한 제품 체험 마케팅 등을 추진해 적극적으로 PR 활동을 전개하는 것도 사업 확대에 기여할 수 있다.

(6) 온라인 마케팅

기업 홈페이지, SNS를 활용한 온라인 마케팅은 활용하기에 따라서 가장 효율적이고 쉽게 시작할 수 있는 마케팅 활동이다. 요즘은 온라인 마케팅 대행업을 하는 업체가 많으므로 중소업체의 경우에는 온라인 마케팅을 아웃소싱할 수도 있다. 온라인 마케팅을 통해 기업과 제품에 대한 정보를 전달할 수 있으며, 기업의 레퍼런스나 제품의 특장점 등을 홍보할 수 있다. 온라인 마케팅을 할 때는 지속적인 활동으로 잠재고객에게 메시지가 전달되도록 해야 하며, 메일이나 메시지가 스팸처리 되지 않고 타깃고객에게 전달되도록 해야 한다.

(7) 광고

세일즈 자료에 맞추어 제품을 가장 잘 표현할 수 있는 이미지와 콘셉트를 기준으로 광고, 홍보 활동을 기획한다. 광고제작 시에는 제작 후에 어떻게 방송을 할 것인가를 고려하여 진행해야 한다. 광고는 마케팅 투자비가 가장 많이 들고 기간이 3개월 이상 소요되는 만큼 기획 단계에서부터 일정 관리를 잘해야 한다. TV광고를 제작할 경우에 제작업체와 방송대행사를 나누어 선정할 수 있으나 가능하면 두 가지를 겸할 수 있는 마케팅 대행업체를 선정하는 것이 일정 관리에 용이하다.

마케팅 업체 선정 시에는 몇몇 후보 업체를 확보하여 자사의 제품 콘셉트를 설명해주고 업체로부터 제안서를 받는다. 제안서를 면밀히 검토한 후 최종 업체를 선정한다. 업체가 선정되면 광고에 대한 아이디어 회의를 하고 상세 콘셉트를 제안받아 수정·보완하여 광고 안을 확정한다. 이후 제품, 장소 및 배우를 섭외하여 확정된 광고 안에 따라 촬영을 진행한다. 촬영이 완료되면 편집, 더빙 등 마무리 작업을 진행한다. 이후 내부고객을 포함한 일부 고객을 초청하여 TV광고 시연회를 열고 고객의 의견을 반영하여 최종 편집을 한다. 완성된 TV광고는 방송 시 총시청률(gross rating points, GRPs)을 높일 수 있는 프로그램을 확인하여 방송 스케줄을 확정한다. 방송 후에는 최종 시청률을 포함한 피드백을 받는다.

(8) 유지보수 서비스

유지보수 서비스 사업은 고객관계관리 차원에서 매우 중요하다. 고객 서비스를 잘하면 추가 주문이나 다음 주문으로 이어질 수 있으므로 기존고객 관리는 매우 중요하다. 유지보수 서비스는 일정 기간(보통 1년) 무상으로 제공된 후 유상으로 전환되거나 유지보수 계약 체결로 이어져 새로운 사업 모델이 될 수 있다.

에어컨 제품은 통상적으로 설치업체(contractor 또는 installer라고 함)가 설치를 한다. 그런데 고객의 70%는 에어컨 제조사와 유지보수 서비스 계약을 체결하기를 원한다. 설치업체의 규모가 영세하거나 부품 공급이 원활치 않은 상황 등을 우려하는 것이다. 이와 같이 유지보수 계약은 정기적인 점검과 원활한 부품 제공 등만 이루어지면 수익성이 매우 높은 사업을 유지할 수 있다. 공조업계 캐리어는 프로젝트 수주 시 제품에서 이익을 남기지 않고 유지보수 계약을 포함하여 유지보수 서비스 사업에서 수익을 창출하고 있다고 한다.

사례 B2B 브랜드숍을 구축하라

B2B 사업 성공의 관건은 기업에 충성도 높은 우량 거래선을 발굴하는 것이다. 사업 초기에는 거래선의 충성도가 형성되지 않아 매출규모가 크지 않다는 어려움이 있다. 이 경우 성장잠재력이 있는 우량 거래선과 파트너십을 통해 윈윈(win-win)하는 방법을 찾는 것이 유리하다. LG전자가 베트남 시장에 초기 진입할 때도 이러한 전략을 취했다. 상업용 에어컨 제품의 진입 초기 상황에서 자사 제품의 충성도가 높고 역량 있는 컨트랙터를 선정한 후 거래선이 잘할 수 있는 목표시장을 선정하고, 목표시장에서의 3개년 매출 계획을 수립·지원한 것이다.

베트남 호찌민의 T컨트랙터는 주로 호찌민 외곽 동나이 공단의 공장에 에어컨을 공급하고 있었다. 자사는 T컨트랙터와 손잡고 동나이 공단을 집중 공략하여 자사 에어컨 매출을 확대하기로 마케팅 전략을 짰다. 컨트랙터에게는 시스템 에어컨 납품과 동시에 유지보수 계약을 하여 매출을 증가시킬 수 있는 좋은 기회였다. T컨트랙터와 자사의 영업사원이 팀을 이루어 동나이 공단 전체를 둘러보았다. 동나이 공단의 공장은 지은 지 10여 년이 지난 곳이 많아 에어컨이 노후화되어 제품을 새로 교체하거나 수리해야 하는 상황이었다.

방문 고객별로 고객의 니즈를 조사하여 정리했다. 노후화된 에어컨을 시스템에어컨으로 교체하기를 희망하는 곳, 생산라인의 작업 효율을 높이기 위해 라인 주변에 에어컨 설치를 희망하는 곳, 에어컨 가동 시간을 효율적으로 관리할 수 있는 절전에어컨을 희망하는 곳 등등 다양한 고객의 니즈가 존재했다. 각 공장별로 현재의 에어컨 사용 현황을 정리하고 요구사항에 맞추어 최적의 에어컨 시스템을 제안했다.

그런데 일부 고객들이 에어컨 시스템을 설치하기 전에 제품을 직접 보기를 원했다. 고객의 욕구를 어떻게 충족시켜줄 수 있을까 고민하다가 T컨트랙터의 영업활동을 지원하고 자사의 제품 인지도를 높이기 위한 방법으로 상업용 에어컨 전문점 설치를 제안했다. T컨트랙터는 제품을 설치할 수 있는 쇼룸 공간을 확보하고, 자사는 제품 샘플과 인테리어를 지원하기로 하였다. T컨트랙터는 쇼룸 위치로 적합한 후보지를 세 곳 확보했다. 현장을 방문하여 주차공간이 확보되고 유동인구가 많은 푸미홍(Phu My Hung) 지역의 후보지를 최종 확정했다. 이후 에어컨 전시 콘셉트를 잡은 후 인테리어를 하고 제품을 전시했다.

드디어 에어컨 전시장이 오픈하는 날, T컨트랙터는 기존의 고객들을 초청하여 간단히 쇼룸 오픈행사를 열었다. T컨트랙터는 깔끔하게 단장된 쇼룸과 에어컨 전시공간을 보고 매우 만족스러워했다. 고객이 제품을 보고 싶어 할 때 마땅한 방법이 없어 난감했는데 이제 당당히 전시장으로 초청하여 제품은 물론 부품 및 서비스 준비 상태 등도 보여줄 수 있게 되었으니 말이다. 이후 T컨트랙터는 영업사원을 추가로 채용하여 공단뿐만 아니라 인근 상가 지역까지 영업활동의 범위를 넓혔고 고객들을 쇼

[그림 3-6] 설치된 제품과 관련 부품 등을 볼 수 있는 B2B 브랜드숍

룸으로 초청해 매출 증대에 기여할 수 있었다. 또 지나가던 에어컨 잠재고객들도 전시장에 들어와 제품을 보고 구매하는 경우가 늘어났다.

T컨트랙터의 에어컨 사업이 확대되는 것을 보고 주변의 컨트랙터들도 자사의 에어컨 사업에 관심을 갖게 되었다. 어떻게 하면 전시장을 지원받을 수 있는지 몇몇 컨트랙터로부터 문의가 들어왔다. 그러나 전시장 마케팅 지원은 기업의 투자가 들어가야 하는 일이므로 무차별적으로 지원할 수 없었다. 전시장을 희망하는 컨트랙터의 사업 역량, 매출규모, 의지 등을 고려하여 신

중하게 결정해야 했다. 쇼룸을 통한 사업은 매출 증가에 따라 매년 몇 개의 지점을 오픈하는 것으로 하고, 자사의 전략 채널을 통해 전체 매출을 확대하는 데 마케팅의 우선순위를 두고 진행했다.

key point

✔ B2B 사업의 초기 시장에서는 사업 활성화를 위해 쇼룸, 전시장을 활용한 마케팅이 중요하다.

✔ 전시장 오픈에는 큰 비용이 지출되므로 유통 채널과의 코마케팅(co-marketing)을 통해 서로가 윈-윈해야 한다.

사례 디밸로퍼를 공략하라

B2B 채널과의 관계 강화를 위한 마케팅 프로그램은 여러 가지가 있는데 마케팅 목적에 따라 선택할 수 있다. 상업용 에어컨은 통상 기업의 구매센터를 통해 구매결정이 이루어지지만 구매센터 내 인플루언서의 역할이 중요하다. 인플루언서는 기업의 최고 의사결정자와 좋은 관계를 형성하고 있는 경우가 많으며 구매결정에 결정적인 역할을 한다.

베트남 호치민에 GS건설이 건설한 자이(Xi) 리버뷰 아파트가 완공되어 분양되었을 때였다. 이 아파트는 자사가 수년 전부터 고객관계관리(CRM)를 잘하여 상업용 에어컨을 설치한 레퍼런스였다. 호찌민은 도시화가 진전되면서 아파트 수요가 급속도로 증가할 것으로 예상되는 시장이기 때문에 부동산 디밸로퍼(developer)를 공략해 또 하나의 레퍼런스를 만들 수 있는 기회를 잡을 수 있을 거라고 생각했다. 그러나 디밸로퍼 공략이 쉽지 않았다. 오너를 만나기는 더욱 어려웠다. 어떻게 디밸로퍼에게 접근할 수 있을까 고민하다가 M&E 컨설턴트(mechanical & electrical consultant)를 활용하기로 했다. M&E 컨설턴트는 부동산 디밸로퍼에게 중요한 인플루언서 역할을 하고 있었다.

대형 부동산 개발을 할 여력이 있는 부동산 디밸로퍼와의 고객관계관리를 지속적으로 해야 할 필요성이 있었다. 대형 프로젝트를 건설하는 디밸로퍼를 공략하기 위한 마케팅 활동을 준비하기로 하였다. 대형 디밸로퍼의 오너는 만나기가 쉽지 않았다. 오너들의 주요 관심사와 취미가 무엇인지 파악해보았다. 디밸로퍼나 오너들은 주로 클래식에 관심이 많으며 와인이나 칵테일을 즐겨 마신다는 정보를 접하게 되었다. 이러한 고객의 기호를 영업적으로 활용할 수 있는 방법을 궁리하다가 디밸로퍼들을 대상으로 'Multi V Cocktail Night'이라는 프로그램을 기획했다. (이후 칵테일 나이트 프로그램은 주요 디밸로퍼와 컨설턴트를 초대해 자사의 상업용 에어컨을 소개하는 고객관계관리 프로그램으로 자리 잡았다.)

우선 컨설턴트와의 인맥을 활용하여 호찌민의 10대 디밸로퍼를 선정한 후 그들에게 멋진 초청장을 보냈다. 컨설턴트들이 디밸로퍼와 함께 칵테일 나이트에 참석하도록 하였다. 행사 장소는 자사의 레퍼런스인 GS 자이아파트로 정했다. 아파트 공용공간에 마련된 다용도 홀은 수영장까지 갖춘 넓고 쾌적한 장소였다. 게다가 이 건물 자체가 자사의 에어컨 설치 현장을 보여줄 수 있는 최적의 공간이었다.

행사 당일, 컨설턴트를 통해 참석 디벨로퍼를 재확인하고 이벤트 프로그램과 GS 자이 레퍼런스 견학 동선을 점검했다. 황혼이 물들어갈 무렵, 드디어 컨설턴트와 디벨로퍼들이 모여들기 시작했다. 본격적인 행사 시작 전에 바이올리니스트의 연주를 준비해 잔잔한 클래식 선율이 감도는 편안한 저녁 분위기를 연출했다. 디벨로퍼들은 하나 둘 자리를 잡고 칵테일이나 와인을 즐겼다. 그동안 만나기 쉽지 않았던 디벨로퍼들과 인사를 나누며 명함을 교환했다. 디벨로퍼들은 조금 낯설어하면서도 색다른 분위기를 좋아하는 것 같았다.

본격적인 행사로 접어들어 자사의 인원을 소개하고 영업매니저가 상업용 에어컨 신제품을 소개했다. 본사에서 제작한 동영상을 보여주고 제품 프레젠테이션을 진행했다. 디벨로퍼들은 평소에 건설에 관심이 많았던 터라 건물에 설치되는 상업용 에어컨에 큰 관심을 보였다. 제품 소개가 끝나고 레퍼런스 관람을 실시하였다. 영업매니저가 소개한 제품들이 실제로 GS 자이아파트 곳곳에 설치되어 사용되고 있는 현장을 보여주었다. 디벨로퍼들은 아파트 방에 설치된 천정형 에어컨 실내기의 차별화된 디자인과 조용한 성능에 많은 관심을 보였다. 또한 헬스장, 미니회의실 등 공용 공간에 설치된 에어컨의 높은 에너지 효율은 고효율 제품에 대한 컨설턴트들의 니즈를 만족시켰다.

디벨로퍼들은 향후 자신들의 프로젝트를 염두에 두는지 에어컨의 설치 상태에도 큰 관심을 보이며 실외기실에서 설치 현장을 보기를 원했다. 에어컨 설치는 자사가 한국인 설치감리사(consultant for installation quality, CIQ)를 파견하여 철저한 시공 감리를 하였기 때문에 현장의 설치 품질이 베트남 로컬업체의 설치 수준과 차별화되었다. 설치 현장을 본 디밸로퍼들은 한국의 기술로 설치된 에어컨에 만족감을 표시했다. 제품 레퍼런스 견학을 끝내고 파티 장소로 돌아와 디밸로퍼들과 즐거운 환담을 나누고 기념품을 제공한 후 행사를 마무리하였다.

칵테일 나이트 행사를 성공적으로 마친 후 영업사원들과 디밸로퍼와의 관계가 훨씬 좋아졌다. 일부 디밸로퍼는 행사장을 떠나며 다음에 자신의 사무실로 와서 제품에 대해 보다 구체적인 설명을 해달라고 요청하기도 했다. 디밸로퍼 공략을 목표로 계획한 행사가 신규 사업의 씨를 뿌리는 계기가 된 것이다.

부동산 디밸로퍼 채널은 기존의 채널과는 다른 점이 많다. 디밸로퍼가 오너이며 사회적 영향력이 있는 인사들이 많다. 그들을 공략하기 위해서는 기존의 채널 공략과 다른 차별화된 방법을 구사해야 한다. 기존의 채널 공략은 프로젝트가 짜여진 큰 그림에 제품을 맞추는 방식이다. 이 경우 경쟁사와 차별화하기 위해 많은 노력을 기울여야 하고 가격경쟁을 해야 한다. 반면 부동산 디밸로퍼와 같은 최종고객을 직접 공략하는 제안 오퍼링(consultative offering) 방식은 고객의 요구를 파악하여 그에 맞는 최상의 솔루션을 제안할 수 있다. 프로젝트 초기 단계부터 자사의 제품으로 스펙인하여 수주를 원활히 하는 채널 공략 방법인 것이다.

디밸로퍼를 직접 공략할 때는 프로젝트 준비 기간이 오래 걸리고 최종 수주까지 지속적인 고객관계관리를 해야 한다. 그러나 프로젝트 납품 시 가격경쟁을 피할 수 있다는 큰 이점이 있으므로 장기적인 관점에서 B2B 기업은 디벨로퍼 공략을 지속적으로 확대해나가야 한다. 최종고객에 대한 고객관계관리가 잘 되면 이후 지속적인 프로젝트 수주로 연결될 수 있다. 더 나아가 상호 윈-윈하는 단계로 격상되어 업무협약(memorandum of understanding, MOU)을 체결하고 지속적인 사업 파트너로 성장할 수 있다.

key point

- ✔ B2B 채널과의 관계 강화를 위한 마케팅 프로그램은 대상 고객별로 목적에 따라 차별화해야 한다.
- ✔ 부동산 디벨로퍼와 같은 최종고객을 직접 공략하기 위해서는 지속적인 고객관계관리를 해야 한다. 디벨로퍼와 좋은 관계를 형성하고 신뢰를 쌓으면 지속적인 프로젝트 수주로 연결될 수 있다.

5 SCM 전략

전통적으로 기업의 물류(logistics)는 기업 내부의 구매, 생산, 유통을 효율적으로 관리하는 분야였으나 2000년대 들어 IT기술의 발전과 더불어 제품 공급의 프로세스 또한 많은 변화를 겪게 되었다. 단순히 제품을 생산하고 공급하는 과정에서 재고 관리뿐만 아니라 물류체계 개선을 거쳐 공급망 관리(supply chain management, SCM)의 개념이 등장하게 되었다. SCM이란 최종고객의 요구에 맞춰 원재료를 공급하고 생산, 유통을 거쳐 고객의 손에 제품이 공급되기까지 전반적인 프로세스, 시스템, 조직을 혁신하는 총체적인 활동을 말한다. 즉 공급망에서의 일관된 정보 공유를 통해 관리의 효율성을 높일 수 있는 활동으로, 자재의 흐름을 계획·통제함으로써 비용은 줄이고 생산성은 높일 수 있다는 점에서 기업 경쟁력의 핵심 프로세스가 되고 있다.

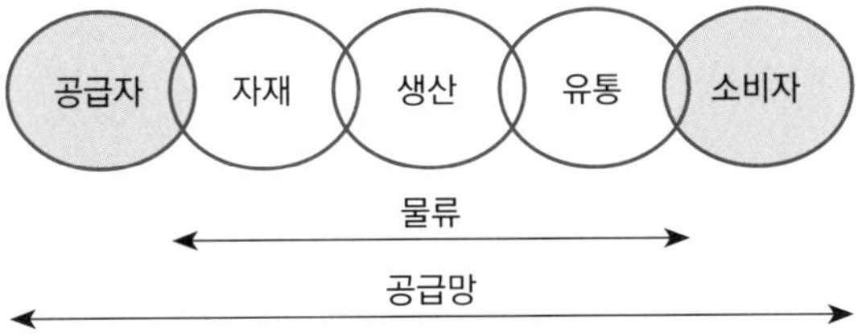

[그림 3-7] SCM 프로세스

SCM 프로세스 혁신을 통해 기업은 B2B 고객에게 제품을 원활히 공급할 수 있게 되었으며 원가 절감과 효율성 향상을 이루게 되었다.

최근에는 물류를 더욱 효율화하기 위해 아웃소싱하는 경우도 많아졌다. 그러나 물류 혁신을 위한 활동이 무리하게 원가 절감으로 흐르게 되면 고객에게는 오히려 제품 공급 지연이나 비용 증가 등의 상황이 발생할 우려가 있다. 재고수준을 낮추어 보관비용을 줄이고자 하는 좋은 의도에서 재고 감축을 하였으나, 자칫 재고 부족으로 배송이 늦어지는 등 고객 불편을 가중시킬 수 있다. 또는 신속한 배송으로 고객서비스는 좋아질 수 있으나 배송비용 증가를 초래할 수도 있다. 따라서 SCM은 마케팅의 전략적인 무기로서 세일즈, 마케팅, 물류의 통합적인 관점에서 바라보아야 한다. B2B 기업은 영업, 생산, 물류, 정보 시스템 등을 통합 시스템으로 운영하면서 고객 주문의 진행 사항을 신속히 파악하고 배송, 수령 등에 문제가 발생하지 않도록 관리해야 한다.

제품의 품질이 동질화되어가는 상황에서 물류는 고객 관점에서 하나의 차별화 포인트가 될 수 있다. 물류는 배송시간, 주문 정확성, 정보 접근, 손상 관리, 반품 프로세스, 부가서비스 등의 관점에서 점검하여 B2B 고객과 지속적인 사업이 가능하도록 관리해야 한다.

SCM 전략을 효율적으로 운영하기 위해서는 B2B 기업 내부의 시스템 프로세스가 상호 연동되어 효율적으로 운영되어야 한다. SCM의 첫 단계인 수요예측의 정확성과 효율성이 갖추어져야 한다. 또한 신규 제품의 조기 양산을 위한 개발-자재 구매-생산의 협업으로 일관적인 생산체계를 갖추어야 한다. 글로벌 생산, 구매를 추진하는 기업은 각 국가별 자유무역협정(free trade agreement, FTA), 통관, 외부환경 변화(지진 등)를 고려한 통합 공급망을 갖추어야 한다.

SCM 운영 전략은 기본적으로 수요예측에서 출발한다. 고객의 니즈에 맞는 서비스를 제공해야 한다. 시장 세그먼트별로 고객의 요구사항을 파악하여 차별화된 운영 전략을 구사한다. 즉 서비스 수준과 비용과의 관계를 기준으로 기준에 미달하는 고객에게는 낮은 서비스를 제공하고, 회사에 많은 가치를 주는 우량 고객과는 관계를 강화한다. 이러한 운영 전략은 기업의 경영전략, 고객의 니즈, 시장 장악력과 동기화되어야 하며 시장상황의 변화에 항상 유연하게 적용되어야 한다.

성공적인 SCM 혁신이 이루어지기 위해서는 내부 프로세스를 개선하고, SCM 시스템에 대한 투자와 변화관리가 필요하다. SCM 시스템을 도입한 후 성공적으로 운영하지 못하는 기업을 살펴보면 내부 프로세스가 개선되지 않았거나 SCM 변화관리가 미흡한 경우가 많다. SCM은 사업의 성과를 지탱하는 중요한 요소이므로 조직의 역량을 집중해야 한다. 성공적인 SCM을 구축하면 다음과 같은 장점이 있다.

- **낭비 제거**: 프로세스 개선을 통해 과잉 재고를 줄이고 효율성을 제고할 수 있다.
- **시간 단축**: 주문 배송 사이클 시간이 단축되며, SCM 정보 공유를 통해 주문-배송 간 중간 프로세스 확인이 가능해져 문제 발생 시 유연하게 대응할 수 있다.
- **단위비용 감소**: 고객이 요구하는 서비스 수준과 배송비용 사이의 최적점을 찾아 비용을 절감할 수 있다.

SCM 전략은 실행이 중요하다. 비즈니스 프로세스를 최적화하고, 시스템을 바꾸고, 조직의 평가체계를 바꾸어야 한다. 무엇을 먼저 바꾸어야 할까? 가장 먼저 실행해야 하는 것은 조직의 평가체계를 바꾸는 일이다. 그런 다음 새로운 프로세스를 도입하고 해당 프로세스에 맞는 시스템을 도입해야 한다. 종종 변화관리를 한다고 하면서 시스템부터 도입하는 조직이 있다. 그런데 이런 경우 대부분 새로 도입한 시스템이 프로세스에 맞지 않는다며 얼마 지나지 않아 시스템 프로세스를 변경한다. 결국 시스템도 프로세스도 최적으로 만들기 어렵게 되는 것이다. 요즘과 같이 IT가 발전한 상황에서는 우선 조직을 새로운 프로세스 중심으로 변경하여 SCM의 핵심성과지표(key performance indicator, KPI)를 운영해야 한다. 그리고 프로세스를 도입하여 조직에서 자발적으로 시스템의 니즈를 갖게 하면 시스템이 조기에 정착할 수도 있다. 요컨대 기업은 조직, 프로세스, 시스템을 통해 정보가 투명하게 관리되어 SCM이 사업에 기여할 수 있도록 해야 한다.

6 신사업 전략

외부환경의 지속적 변화, 업계 간 경쟁 심화 등의 문제에 직면한 기업들은 기존 사업의 한계를 인식하고 새로운 성장요인을 발굴하여 신사업을 개척하고자 한다. 그렇다면 신사업은 어떤 프로세스를 거쳐 성공적으로 발굴되고 성장할 수 있을까?

신사업 발굴 전략으로 크게 고려할 수 있는 방식으로는 스테이지 게이트와 린스타트업 두 가지가 있다. 첫 번째 '스테이지 게이트' 방식은 3장의 제품 전략에서 설명한 바와 같이, 기존의 신모델 개발과 같은 프로세스를 거친다. 즉 사업기회 발굴 → 사업기회 선정 → 예비사업 평가 → 사업화 → 사업 실행이라는 단계를 지나며, 기업의 신사업 발굴 조직이 각 단계별로 사업을 구체적으로 검토한다. 이 방식은 신사업의 위험요소를 단계별로 파악하고 대응할 수 있다는 장점을 지니나, 사업 검토 일정이 늦어질 수 있다는 단점도 있다.

오늘날과 같이 사업 환경이 급속도로 변하는 상황에서 벤처기업이 주로 활용하는 방식은 '린스타트업'이다. 린스타트업은 실패의 리스크를 최소화하면서 혁신을 만들어가는 방식으로 고객탐구를 기반으로 가설검증을 거쳐 최소 요건 제품(minimum viable product, MVP)★을 만들어 시장에서 테스트하고, 고객의 피드백을 받아 빠르게 반복적으로 수정·보완하여 경험을 축적하는 방식이다. 실패를 사전에 예측하고 신속한 실행과 학습, 개선을 반복적으로 실행하여 신사업을 추진할 수 있다는 장점이 있다.

신사업 발굴 시 기존의 사업에서 아이디어를 탐색하고 발굴할 수도 있다. 즉 기존의 사업영역에서 고객을 재정의하거나, 사업지역을 확대하거나, 유통망을 확대하거나 하는 방식을 활용할 수 있다. 예를 들어 고객을 재정의하여 어린이용 기저귀에서 노인용으로 사업을 확대할 수 있으며, 사업지역을 한국에서 해외로 확대할 수 있

★ MVP란 고객이 지닌 문제를 해결할 수 있는 최소한의 기능을 갖춘 제품을 말한다. 고객의 반응을 보고 제품 개발을 위한 피드백을 수집하기 위한 도구로 활용된다.

다. 또한 오프라인에서 온라인 영업으로 유통을 확대할 수 있다. 한편, 고객의 불만이나 요구사항을 검토하거나 경쟁사의 약점을 찾아내 신사업을 검토할 수도 있다. B2B 사업에서 마케터는 고객과의 긴밀한 접촉을 통해 고객의 불편사항(pain point)과 불만족 요구사항(unmet needs)을 파악하고, 신사업에 대한 아이디어를 얻을 수 있도록 노력해야 한다.

이러한 과정을 거쳐 신사업 아이디어를 도출한 후에는 브레인스토밍, 스토리보드, 역할 재정의 등을 통해 아이디어를 구체화해야 한다. 이어서 구체화된 아이디어를 최소요건제품과 같은 시제품 형식으로 제작해 고객 피드백을 수집·개선하는 활동을 지속하고 노하우를 축적하여 신제품을 만든다.

요컨대 신사업 추진은 크게 4단계로 나누어 볼 수 있다. 신사업 발굴, 사업성 분석/평가, 신사업 추진, 신사업 지속 성장 단계이다.

- 첫 번째 신사업 발굴 단계에서는 시장·기술 측면에서 미래를 전망하고, 사업기회를 분석하고, 자사의 역량을 분석하여 사업기회를 구체화한다.
- 두 번째 사업성 분석/평가 단계에서는 사업성을 분석하고 평가하여 신사업을 선정한다. 구체적으로 시장수요가 지속적으로 성장하는지, 경쟁사는 누구인지, 미래의 경쟁사는 누가 될 것인지, 기술적 우위성은 있는지, 사업적으로 장기적인 수익성은 확보 가능한지, 기존의 사업철학 또는 가치적합성은 있는지 등을 분석하여 사업을 평가한다. 그런 다음 신사업을 결정한다.

- 세 번째 신사업 추진 단계에서는 신사업 전략을 수립하고 조직을 구성한다. 신사업 추진을 위한 제도나 인프라 구축을 지원하고 리스크를 관리하며 사업을 추진해나간다.
- 네 번째 신사업 지속 성장 단계에서는 신사업의 핵심역량을 강화하여 수익 창출과 지속 성장의 발판을 마련한다.

이와 같이 신사업 추진에서는 경쟁사보다 빠른 실행으로 시장을 선점하는 것이 중요하다. 시장을 선점하면 리딩하게 되고 업계의 표준으로 자리매김할 수 있으며, 신사업이 빠른 속도로 성장 궤도를 그리며 매출을 확대시킬 수 있다.

사례 베트남 칠러 사업의 문을 열다

2000년 초반부터 베트남에 이미 한국 기업의 진출이 활발했다. LG전자, 삼성전자를 비롯하여 한국의 봉제기업 등 많은 중소업체들이 진출한 상태였다. 휴대폰 생산공장을 가동하는 삼성전자는 베트남의 해외수출량이 1억 대 이상에 이를 정도로 베트남 경제에 지대한 영향을 미치고 있었고, LG전자도 하이퐁(Haiphong)에 대단위 규모의 가전공장을 설립해 생산을 하고 있었다. 중국의 제조경쟁력 약화로 제조공장의 탈중국화가 진행되는 상황에서 많은 기업들이 베트남을 포스트 차이나로 꼽으며 생산기지를 베트남으로 이전하고 있었다.

대형공장, 대형마트 등은 대형 공조 시스템인 칠러(chiller)

를 필요로 한다. 칠러는 냉동기, 공기조화기(AHU), 펌프(water pump), 쿨링타워(cooling tower)를 연결하여 차가운 바람을 만들어 실내에 찬바람을 공급해주는 장치다. 쇼핑몰과 같은 상업용 건물이나 중대형 공장의 대규모 에어컨 수요에 대응하는 대형 에어컨으로, 그 규모가 보통 가정에 설치하는 스탠드형 에어컨의 100배에서 1,000배에 이른다.

베트남은 칠러 시장 규모가 1억 달러 정도로 추정되는데, 한국과 중국에서 칠러를 생산하는 자사는 베트남에 칠러 전문채널을 확보하지 못해 사업을 하지 못하고 있었다. 물론 칠러는 가전판매와는 다른 B2B 제품으로 쇼핑몰을 세우고자 하는 디벨로퍼, 공장을 세우고자 하는 오너 등 영업 대상 고객이 명확하다. 통상 직접 고객인 디밸로퍼, 오너들은 칠러 제품에 대한 지식이나 정보가 많지 않기 때문에 주로 전문가인 컨설턴트에게 의뢰하여 칠러 브랜드 간 제품 성능을 비교하고 평가하여 최적의 제품을 추천하도록 한다. 칠러 업계에서 컨설턴트를 통한 제품 스펙인(특정 브랜드 또는 특정 사양을 도면에 표시하는 것)의 영향력이 중요하며 다양한 인플루언서가 존재한다. 또한 칠러는 한번 설치하면 10년, 20년간 사용하는 중요한 기계장치 제품이기 때문에 브랜드 선정 이전에 브랜드의 신뢰성을 확보하기 위해 칠러 레퍼런스와 유지보수 인원, 부품 등 유지보수 능력에 대한 검증이 중요하다.

베트남에서 칠러 사업을 시작하기 위해서는 칠러 시장에 대한 이해가 먼저 필요했다. 캐리어(Carrier), 요크(York), 트레인(Trane) 등 미국계 브랜드가 수십 년 전부터 칠러 사업을 시작해 영업활동을 하고 있었고 다양한 설치 사례도 있었다. 칠러 사업은 단순히 제품 판매와 설치로 끝나는 것이 아니라 유지보수가 필요하기 때문에 유지보수사업 모델이 지속적인 수익을 창출하는 원천이었다.

자사는 해외시장을 대상으로 전방위적인 칠러 사업을 전개하기보다는 특정 전략국가를 선정하여 사업을 추진하기로 하였다. 베트남은 칠러 사업 전략국가가 아니므로 본사로부터 관심을 받지 못했다. 우선, 본사를 설득하는 것이 중요했다. 본사에 베트남 칠러 시장의 규모와 사업기회를 어필했다. 한국을 포함한 외국계 회사의 투자로 공장, 쇼핑몰 등이 지속적으로 확대되고 있으며 특히 한국계 공장, 쇼핑몰 대상으로 자사의 칠러 제품을 영업할 수 있다는 점을 부각시켰다. 또한 시장에 칠러 설치, 유지보수 역량을 갖춘 업체가 많이 있어서 자사의 제품을 소개하고 교육하면 충분히 활용할 수 있다는 점을 강조했다.

시장조사를 해보니 한국계 업체는 중소 칠러 업체가 이미 고객관계관리를 통해 고정 납품을 하고 있었고 외국계 회사도 마찬가지였다. 설치 업체도 이미 캐리어, 요크 등의 제품을 설치한 역량 있는 업체를 쉽게 찾을 수 있었다. 유지보수는 사업의 핵심이므로 자사가 유지보수 계약을 하고 경험이 많은 중소업체에 하도급 계약을 주어 실행하는 것이 좋을 듯했다. 아울러 계약관리, 유지보수 조건/단가 관리, 프로세스 정리, 하도급 업체 발굴 및 관리를 위해 유지보수 경험이 있는 매니저급 직원을 내부적으로 채용하는 것이 좋을 것 같아 후보자를 물색해두었다.

본사에 시장성 및 사업전망을 설명하고 현지에서 칠러 사업 추진을 위한 영업/마케팅/공장의 워크숍을 제안했다. 본사에서는 베트남까지 신경 쓸 여력이 없으며 초기 사업을 하기 위해 많은 투자가 뒤따라야 하므로 매출이 얼마 되지도 않는 시장은 사업을 보류한다고 했다. 예상했던 반응이 돌아왔지만, 그렇다고 사업기회를 그냥 접을 수는 없었다. 그동안 준비한 시장성, 채널/마케팅 전략, 수주목표, 서비스/유지보수 등 구체적인 계획을 수립하여 사업성 검토 보고서를 보냈다.

보고서를 보낸 지 얼마 지나지 않아 본사의 칠러 사업부장이 직접 전화를 했다. 베트남에서 왜 칠러 사업을 하려고 하는지 물었다. 당연히 시장이 성장하고 있고 자사가 제품을 갖고 있으니 법인이 역량을 갖추어 사업을 만들어가야 하는 것 아니겠느냐고 반문하면서 지원을 요청했다. 드디어 본사에서 공장/영업이 함께 팀을 구성하여 베트남으로 출장을 왔다. 출장팀에 사업기회를 보여주기 위해 시장조사를 했다. 칠러 설치 현장도 가보고 거래선 미팅도 실시하며 사업 가능성을 점검했다. 다음 날 전체 워크숍을 실시하며 베트남의 시장현황, 채널/마케팅 전략, 프로젝트 수주/관리, 설치, 서비스/유지보수 전략을 설명했다. 본사에서는 다른 나라들의 칠러 사업현황 및 서비스/유지보수 사업화 방향에 대한 설명을 해주었다. 공장에서는 칠러 제품의 PRM(product road map)을 공유했다.

칠러 사업은 내가 예상했던 것 이상으로 엔지니어링 지원이 되어야 하는 사업이었다. 프로젝트 입찰, 수주, 설치 등 엔지니어링 조직을 갖추어야 하며, 서비스/유지보수 사업으로 연결되어야 수익 사업이 될 수 있었다. 그런데 이를 위해 초기에 인원 투자를 하면 매출까지 초기 부담이 있었다. 이미 첫발을 내디뎠으니 어떻게든 사업을 만들어야 했다. 초기 인원 채용은 최소한으로 하고 수주 실적으로 본사의 관심과 지원을 계속 받을 필요가 있었다.

그러던 중 베트남에 계속해서 매장을 확대하고 있는 롯데마트에 칠러 제품을 입찰할 수 있는 기회가 찾아왔다. 롯데마트 붕따우점 오픈을 위한 설명회가 있으니 참석해달라는 메일이 온 것이다. 사업을 시작하기로 했으니 직접 챙겨서 성과를 만들어야겠다고 생각하고 내가 자사 대표로 영업팀장과 함께 현장설명회에 참석했다. 참가업체는 한국계 B사, P사, 베트남 업체, 그리고 자사였다. 베트남 업체는 들러리로 참석한 것이고 롯데마트는 한국계 업체에 발주를 주어 한국인 중심의 관리를 하고자 하는 듯했다. 실질적으로 한국계 B사가 기존의 관계 수주 경험이 있어 가장 유력한 업체였다. 어차피 입찰 참석업체가 전 제품을 갖고 있지 못하므로 최종 수주업체가 결정되면 수주업체 중심으로 제품 소싱이 이루어질 것이었다. 자사는 최적의 제품 조합으로 견적서를 준비하여 입찰했다. 롯데마트는 내부 BOD(board of director) 미팅을 통해 최종 낙찰업체를 선정한다고 했다. 그리고 얼마 후 예상했던 대로 B사와 자사가 우선협상업체로 선정되어 마지막 조건을 협의하고 최종 견적을 제시했다.

드디어 최종 낙찰일이 되었다. 롯데마트에 갔던 영업팀장이 상기된 표정으로 사무실로 들어왔다. 그동안 여러모로 준비한 것이 결실을 맺어 자사가 베트남에서 법인 영업을 통해 첫 칠러 사업을 수주하게 된 것이다. 수주액도 xx억 원 규모로 적지 않은 금액이었다. 롯데마트는 자사의 브랜드력과 조직력, 서비스 역량에 좋은 점수를 주어 지속적인 사업 관점에서 수주업체로 선정하였다고 했다. 다만, 납품 시 AHU는 B사 제품으로 납품하는 조건을 달았다.

최초의 칠러 프로젝트 수주를 본사에 보고하고 내부적으로 프로젝트 수행을 위한 테스크를 구성했다. 본사에서는 납기에 맞추어 제품을 납품해주었고 베트남 법인에서는 설치팀 구성, 자재 구입 등을 일정대로 진행했다. 제품 설치 시에는 칠러 설치에 대한 경험이 미흡한 법인을 대신해 본사에서 설치를 지원해주었다. 조직 전체의 지원으로 롯데마트 오픈 일정에 맞추어 제품이 정상적으로 운영될 수 있었다. 한편으로는 이번 수주를 통해 칠러 사업 프로세스를 전체적으로 경험하면서 내부 보완이 필요한 부분을 보강할 수 있었다. 이후 롯데마트 판티엣점도 자사가 연이어 수주하게 되었다.

[그림 3-8] 베트남 붕따우 지역에 위치한 롯데마트

베트남에서 칠러 사업을 시작한 이후 벌써 5년이 흘렀다. 지금은 칠러 매출규모가 xxx억대로 초기 사업 대비 10배 이상 성장을 기록했다. 본사 베트남 마케팅 담당자는 5년 전에 자사가 칠러 사업을 시작하지 않았다면 오늘과 같은 성과는 이룰 수 없었을 거라고 하면서 베트남에서의 칠러 사업을 처음으로 제안한 내게 고마움을 표했다.

신사업을 추진하는 것은 분명 새로운 도전이며 많은 어려움이 따르기 마련이다. 아마도 첫 번째 걸림돌은 (위의 사례에서 보여주듯이) 신사업에 대하여 조직적인 컨센서스(합의)를 이루는 것일 테다. 한편 조직적인 지원을 얻더라도 시장을 새롭게 만들어야 하는 시점에서, 즉 보여지는 매출이 없는 상황에서 영업과 서비스 조직을 구성하고 채널을 개척하는 등의 마케팅 투자를 하기가 쉽지 않다. 투자 대비해서 성과를 낸다는 보장도 없으니 말이다. 그러나 새로운 사업을 시작하고자 하는 열정으로 누군가 신사업의 씨를 뿌리지 않는다면 열매는 결코 열릴 수 없다. 과거 방식대로 기존의 사업 영역만을 고수하면 정체되거나 퇴보할 수밖에 없다. 5년 전 베트남에서 칠러 사업의 씨앗을 뿌리지 않았다면 오늘날과 같은 성장을 이룰 수 없었을 것이다. 개인적으로는 칠러 사업을 경험하며 B2B 사입의 중요성을 다시금 새롭게 인식하게 되었다. 그리고 무엇보다 소중한 것은 새로운 것에 도전하여 성공을 체험함으로써 스스로에게 만족하고 자신감을 얻게 되었다는 것이다. 마케터로서 새로운 시장의 사업기회를 파악하고 도전하여 성장의 발판을 마련했다고 하는 성취감, 자부심이 아직도 필자를 흐뭇하게 한다.

key point

- ✔ 신사업은 시장성을 철저히 조사하고 검증하여 구체적인 전략을 세운 뒤 사업화를 추진해야 한다.
- ✔ 신사업 추진에는 많은 어려움이 따르기 마련이다. 그러나 새로운 도전을 하는 열정으로 신사업의 씨를 뿌려야 향후에 매출 성과라는 열매를 거둘 수 있다.

7 전략시장 발굴

모든 기업은 매출, 이익의 성장뿐 아니라 지속적인 성장과 발전을 원한다. 따라서 회사 내에 미래를 고민하는 사람 또는 팀 형태의 조직을 갖추고 사업 확대 전략을 수립해야 한다. 사업 확대는 주로 사업 분야를 넓히거나 전략시장을 발굴하여 진출하는 것이다. 해외 B2B 사업에서 전략시장을 발굴하기 위해서는 먼저 국가의 시장규모, 경쟁현황, 유통구조 등을 파악해야 한다. 그런 다음 국가별 전략적 우선순위를 세워서 전략국가 진입 전략을 수립해야 한다.

전략국가 진입 전략은 크게 세 가지로 구분해볼 수 있다. 해외 법인을 설립하여 직접 투자하는 방식, 지사를 설립하여 연락사무소 기능을 하는 방식, 국가 내 거래선을 발굴하여 진행하는 방식이다.

- 첫 번째 법인을 설립하는 경우에는 전략적으로 중요한 국가에서 마케팅, 영업 활동을 직접 진행한다. 법인의 경우에는 해당 국가의 법인지원정책(자금, 세제 지원 등)을 파악해야 한다. 필요시 해당국 투자지원 부서에 지원을 요청할 수도 있다. 그리고 해외법인 투자를 결정하기 전에 투자자금 회수를 위한 출구전략 시나리오를 준비해야 한다. 20여 년 전 물밀듯이 중국에 진출한 많은 중소기업들이 출구전략을 준비해놓지 않아 사업이 위기에 처했을 때 사장이 야반도주를 하거나 법적 소송에 연루되는 상황이 오늘날에도 발생하고 있다.
- 두 번째 지사를 설립하는 경우에는 사업은 거래선을 통해서 진행하고 지사는 연락사무소 역할을 담당한다. 즉 지사는 시장정보를 파악하고 브랜드 마케팅 활동을 하는 등 사업 확대를 간접적으로 지원하는 일을 한다.
- 세 번째 해당 국가에서 거래선을 발굴하는 경우에는 본사에서 원격 지원을 한다. 이때 중요한 것은 사전에 철저한 준비를 통해 시장에 진입하여 거래선을 발굴하고 관계를 잘 유지함으로써 매출 성장을 이루는 것이다.

LG전자는 해외 약 70여 개국에 한국인 주재원을 파견하여 사업을 하고 있다. 해당 국가에 법인을 설립하여 판매, 생산, 물류, 서비스, R&D 등을 직접 운영하고 있다. 사업 환경이 불리한 중동 지역에도 10여 개 국가에 주재원을 파견하여 주재국가 및 인접국을 관리한다. 그중 두바이 법인은 중동의 허브로서 주변 국가를 관리한다.

지금은 중동 국가들이 유가 하락으로 많이 어려운 상황이지만 또 몇 년 지나면 유가 상승으로 시장이 활성화되고 사업기회가 많아질 것이다. 예전에 대우가 '세계경영'을 외치며 해외로 사업기회를 찾아 나선 지 3년이 지나서야 해당 국가에서 대우의 위상이 달라지기 시작했다고 한다. 이처럼 해외시장 개척은 하루아침에 이루어지는 것이 아니다. 5년, 10년 이후의 전망을 보고 시장을 개척해야 성과를 얻을 수 있다.

해당 국가에 법인을 세워 운영하는 것이 아니라면 시장현황을 세밀히 고려하여 거래선을 잘 발굴해야 한다. 우량 거래선 발굴이 사업의 성패를 좌우하기 때문이다. 전략시장에서의 거래선 발굴 시 반드시 점검해야 할 사항을 몇 가지 정리해보면 다음과 같다.

- **사업가적 안목**

  해외 거래선과 사업을 시작할 때는 최소 5~10년 이상의 장기적 거래를 염두에 두고 사업가적 안목을 갖춘 파트너를 확보하는 것이 중요하다. 파트너는 회사를 대표해서 해당 국가에서 사업을 진행하는 것이므로 신규 파트너의 사업철학과 안목이 중요하다. 거래선이 아무리 자금력이 풍부해도 부정한 방법으로 사업을 해왔다든가 사업 확대에 대한 비전이 명확하지 않다면 파트너로서 함께 성장하기 힘들다. 그러므로 후보 거래선 오너의 사업에 대한 철학, 비전, 경영이념 등을 통해 사업가적 안목을 파악해야 한다. 오너와의 미팅 시 어떤 전략으로 사업을 확대해나갈 것인가에 대한 설명을 들으면서 사업 파트너로서의 안목을 파악하는 것이 중요하다.

• **재무역량**

해외사업 수행 시 가장 중요시해야 할 역량이 거래선의 재무역량이다. 거래선의 재무역량은 여러 가지 방면으로 파악해볼 수 있다. 코트라(KOTRA)를 통한 기업 조사, 기업공시자료 분석, 인맥을 통한 사전 파악, 인터넷을 통한 기업자료 파악 등 가능한 방법을 통해 후보 거래선의 프로필, 역량을 직간접적으로 파악해보아야 한다. 거래선과 상담 시 회사의 프로필을 직접 요청해도 된다. 거래선의 프로필을 볼 때 가장 중요하게 확인해야 할 것은 자금력이다. 아무리 역량이 좋은 거래선이라도 재무역량이 부족하면 사업 확장이 쉽지 않다. 따라서 다양한 방법으로 거래선의 재무역량을 파악해야 한다.

• **조직력(유통 장악력)**

자금과 사업가적 안목이 있어도 사업을 수행할 내부 조직, 유통 장악력이 없으면 사업 초기에 많은 어려움이 따른다. 사업 전략은 오너가 세울 수 있지만 실행은 사람(또는 조직)이 하는 것이다. 훌륭한 전략이 있어도 실행할 조직이 없다면 사업을 구체화하기 어렵다. 따라서 거래선 발굴 시에는 전략을 실행할 우수한 인재가 확보되어 있는지 확인해야 한다. 또한 기존 사업영역에 신규로 신입할 경우에는 유통채널 개척에 많은 시간과 투자가 필요하기 때문에 거래선 발굴 시 조직력과 유통 장악력도 파악해야 한다. 이를 위해 거래선으로부터 유통채널 관련 자료를 제공받고 직접 유통을 방문하여 거래선의 역량을 점검한다.

이외에도 동일 업종 사업 경험, 프로젝트 수행 능력, 주요 유통장악력, 정부 인맥, 고객관계 활동 등 다양한 방면에서 거래선의 역량을 검토하고 신중한 판단을 통해 거래선 발굴을 진행해야 한다. 그래야만 사업이 안정적인 성장의 발판을 마련해갈 수 있다.

사례 우량 거래선 발굴로 파키스탄 에어컨 시장을 점령하라

중동지역은 외국인은 브랜드 영업을 직접 할 수 없도록 법적으로 규제하고 있다. 따라서 외국 브랜드가 중동지역에 진입할 때는 자금력과 유통망을 갖춘 거래선을 발굴하여 거래선 계약을 맺고 사업을 진행해야 한다. 거래선 계약은 독점적 계약으로 진행되는 경우가 대부분이다.

2002년 필자가 파키스탄 사업을 담당하게 되었을 때 자사는 기존에 거래를 하던 파키스탄의 거래선 P사가 부도가 나서 에어컨 판매를 하지 못하고 1년여 동안 사업기회를 놓친 상태였다. 신규 거래선이 발굴되지 않아 사업을 할 수가 없었다. 신규 거래선 발굴 업무는 법인 또는 지사의 역할이다. 자사는 카라치(Karachi)에 지사를 운용하고 있었으며, 카라치 지사에서 신규 거래선을 발굴하여 본사와 협의 후 거래 파트너로 선정이 되면 신규로 사업을 진행하고 있었다.

어느 날, 지사에서 거래선을 발굴했다는 연락이 왔다. 거래선과 구체적인 사업 협상을 하기 위해 파키스탄으로 갔다. 당시만 하더라도 파키스탄은 세계에서 가장 사업하기 어려운 두 국가 중 하나였다. 지사 사무실 빌딩에 들어서는데 건물 벽에 이슬람 과격파의 자살폭탄 테러 흔적이 남아 있었다. 신규 발굴한 N거래선과 상담을 위해 거래선 사무실로 이동했다. 거래선 사장인 악타르와 영업부장 따릭이 우리를 맞았다. 악타르 사장은 파키스탄 시장에서 자사 브랜드로 사업을 하려는 열정이 넘쳤다. 그는 이미 향후 10년을 내다보고 사업을 준비하고 있었다. 우선 완제품으로 초기 사업을 시작하고 이어서 완전 해체 부품(complete knock down, CKD)으로 부품을 수입하여 현지 조립을 하고자 했다. 현지의 수입관세를 고려하여 경쟁력을 갖추기 위한 수순이었다.

완제품 사업의 초기 물량에 대해서는 큰 이슈 없이 상담이 완료되었다. 다음으로 CKD 사업을 위한 협의를 진행하였다. 먼저 수입통관규정에 의해 어느 부분까지 CKD로 인정받는지를 파악했다. 다행히 에어컨의 핵심 부품은 그대로 두고 플라스틱 사출물과 부품을 분리하는 선에서 CKD 부품을 확정할 수 있었다. 이후 CKD 조립에 필요한 생산설비와 계측기 리스트를 협의하고 견적을 제시했다. 자사는 사업 확대를 위해 최소한의 경비를 포함하여 설비 견적을 제시하였다. 악타르 사장은 설비 견적을 검토한 후 계약을 했다. CKD 물량을 협의하고 조립공장 마스터플랜도 협의했다.

시장을 개척하기 위해 초기에 완제품으로 판매하고, 그 기간 동안 공장에 조립라인을 설치한 후 CKD 부품을 생산하여 출하하기까지 6개월 이내에 완료해야 하는 촉박한 일정이었다. 악타르 사장도 사업을 해보았기에 에어컨 사업의 시즌에 대해 잘 알고 있었다. 초기 사업에 대해 신속하게 결정을 내렸으나 철저한 준비를 해야 에어컨 성수기를 맞출 수 있었다. 공장의 생산일정을 확인하고 생산설비 발주 및 납품일정을 확인하는 등 확인에 확인을 거듭했다. 악타르 사장은 에어컨 공장을 가동한 경험이 없어 공장을 총괄할 수 있는 한국인을 추천해달라고 했다. 에어컨 사업부에서 제조 경험이 있는 부장급 인원을 추천하였다. 악타르 사장의 사업에 대한 열정으로 모든 결정은 신속히 협의되었다. 초기 시장 진입용으로 완제품 에어컨 제품이 선적되고, 공장에 필요한 생산설비도 선적이 완료되었다. 이제 배가 떠났으니 모든 진행은 현지에서 이루어져야 했다.

현지 진행상황을 파악하고 이슈를 지원하기 위해 다시 파키스탄으로 날아갔다. 공장에 도착하니 설비가 도착하여 생산을 준비하고 있었다. 한국에서 채용한 공장장과 차를 마시며 현장 상황이 어떤지 물었다. 경험이 없는 현지인들의 작업숙련도가 낮아 한국에 비해 생산성이 30%도 되지 않는다며 그들을 교육하는 것이 가장 어려운 일이라고 했다. 교육의 중요성이 새삼 실감되었다. 20여 년간 한국의 에어컨 공장에서 생산을 주관하던 전문가인 공장장에게 현지인들을 잘 이끌어 좋은 제품을 생산해달라고 당부하고 공장을 나섰다.

따릭 영업부장은 에어컨 판매 채널을 확보하고 거래선과 네트워크를 만들기 위해 밤낮없이 움직이고 있었다. 파키스탄의 주요 도시인 카라치, 라호르, 이슬라마바드에서 딜러 컨벤션도 추진하기로 한 상태였다. 이번 기회에 나도 파키스탄 에어컨 시장을 이해하기 위해 컨벤션 일정에 맞추어 따릭 부장과 함께 시장조사를 나섰다. 라호르에서 시장을 돌며 에어컨 판매 상점을 방문했다. 40도를 오르내리는 날씨에도 많은 사람들이 거리를 오갔다. 방문하는 상점마다 외국인의 방문을 환영하면서 자신들이 마시는 차를 내오거나 시원한 주스를 주었다. 배탈이 날지도 모른다는 생각에 차가운 음료는 피하고 따뜻한 차만 조금씩 마셨다. 직접 만나본 딜러들은 자사의 품질수준에 대해 매우 만족해했다. 신규 거래선인 N사에 대해서도 우호적인 태도를 보였고, 현지에서 생산되는 제품이 빨리 시장에 공급되기를 바라는 기대를 표시했다.

시장조사를 마치고 호텔로 들어갔다. 휴식을 취하며 저녁 7시부터 진행되는 행사를 준비하려고 했다. 그런데 호텔에 도착하자마자 갑자기 배가 아프고 열이 나기 시작했다. 호텔방에 누워 있다가 참을 수가 없어 따릭 부장에게 연락을 했다. 그는 행사 준비로 바쁜 와중에도 직접 찾아와 직원을 대동해 병원으로 가게 해주었다. 병원에는 사람들이 넘쳐나고 시설은 열악했다. 응급실 의사가 더운 날씨 때문에 몸에 바이러스가 침투한 것 같으니 주사를 맞고 약을 받아 가라고 했다. 주사는 왠지 꺼림칙해 약만 받아서 호텔로 돌아왔다. 웬만하면 딜러 컨벤션 행사장에 참석하여 오전에 만났던 딜러들을 만나고 제품에 대한 반응을 살피고 싶었으나 몸이 말을 듣지 않았다. 다음 날 아침에 간신히 죽을 먹고 오후가 되어 기력을 되찾았다. 따릭 부장에게 어제의 행사가 어땠는지 물었더니 딜러들 반응이 환상적이었다고 했다. 모두들 제품에 대해 큰 기대를 하고 있다고 했다.

파키스탄에서 새롭게 시작하는 거래선 N사의 사업 성장을 위해 6개월간 준비한 결과, 공장에서 안정적인 생산이 이루어지고 시장에서 좋은 반응도 얻게 되었다. 에어컨 사업이 시장 진입에 성공한 것이다. N거래선의 채널 역량에 대해 일부 우려가 있었으나 악타르 사장과 따릭 영업부장의 사업에 대한 열정으로 에어컨 사업은 쾌조의 출발을 하였다. 해외 B2B 사업의 성공에는 역시 우량 거래선 발굴이 큰 영향을 미친다. 거래선의 사업에 대한 열정과 역량, 신속한 의사결정 능력, 자금·유통 장악력이 확보되면 어떤 시장, 어떤 제품도 성공할 수 있다는 것을 N사의 악타르 사장이 증명해주었다.

key point

- ✔ 해외에서 사업가적 안목, 자금력과 유통망을 갖춘 거래선 발굴은 B2B 사업의 성공을 좌우한다.
- ✔ 거래선의 사업에 대한 열정과 역량, 신속한 의사결정 능력, 자금·유통 장악력이 확보되면 어떤 시장, 어떤 제품도 성공할 수 있다.

사례 쿠웨이트 B2B 시장을 공략하라

쿠웨이트 가전시장은 법인이나 지사를 운영할 만큼 규모가 크지 않다. 자사는 두바이 법인에서 쿠웨이트 시장을 관할하면서 쿠웨이트 거래선과 주기적인 미팅을 통해 마케팅 활동을 하였다. 쿠웨이트의 B거래선과 20여 년 가까이 거래를 하고 있었는데, 쿠웨이트 내 에어컨 사업을 확대하기 위해 엔지니어링 전문

회사를 설립하여 운영할 것을 요청했다. 이에 B사는 Be라는 상업용 에어컨 전문회사를 설립하여 운영했다. Be사는 자사 제품으로 사업을 시작한 뒤 자사의 제품 판매가 어느 정도 궤도에 오르자 사업 성장을 위해 브랜드 포트폴리오를 늘렸다. 중국산 Gree 브랜드, 현지 생산 제품인 Coolex 브랜드 제품도 같이 판매하면서 고객의 니즈에 따라 제품을 판매했다. 고품질을 원할 때는 자사 제품을, 가격경쟁력이 있는 제품을 원할 때는 Gree 브랜드를, 긴급한 납기를 요청하는 경우에는 Coolex 브랜드 제품을 추천해 공급하고 설치·유지보수 계약 등을 체결해 Be거래선의 사업은 지속적으로 성장해나갔다. 그러나 자사의 제품 판매는 수년간 성장의 한계를 느끼고 있었다.

2016년 1월, 쿠웨이트 거래선 사업의 정상화와 매출 성장 목표를 부여받고 쿠웨이트로 장기 출장을 가게 되었다. 쿠웨이트에 도착한 후 우선 거래선 현황부터 파악하기로 했다. 거래선의 사장인 O선생은 사업 전면에 나서지 않고 쿠웨이트인 매니저 가산을 총괄매니저로 두고 회사를 운영했다. 그런데 가산 총괄매니저는 회사를 운영하는 관리역량이 떨어졌다. 회사의 사업을 챙기고 관리해야 할 사람이 외부 활동이 잦아 사무실에 출근하지 않는 날도 많았다. 내부 조직도 커뮤니케이션에 어려움을 겪고 있었는데 그 이유는 주요 직책을 맡은 매니저의 국적이 너무 다양하기 때문이었다. 상업용 에어컨을 전담하는 레바논인, 채널을 담당하는 요르단인, 기획을 담당하는 시리아인, 엔지니어링을 담당하는 인도인, 서비스를 담당하는 이집트인, 그리고 이들을 총괄하는 쿠웨이트인. 이처럼 조직 책임자의 국적이 제각각이어서 언어 소통이 원활치 않았고 메시지 전달에 많은 시간이 소요되었다. 인도인을 제외한 이들은 아랍어를 공용어로 하기 때문에 기본적인 정보 공유는 할 수 있지만 협조가 원활히 이루어지지 않았고, 각자가 하는 일 이외에 다른 매니저의 업무 영역은 넘보지 않게 되었다. 또한 내부 실세인 인도인은 엔지니어링을 무기로 현지인들을 장악했지만 G총괄매니저와 관계가 좋지 않았다.

내가 현지에서 영업을 지원하기 위해서는 조직을 활성화시킬 수 있는 활동이 필요했다. 조직에 새로운 바람을 불어넣기 위한 활동이 무엇일지 고민했다. 그러던 중 눈에 들어온 것이 Be사의 서비스 차량이었다. Be사는 설치, 서비스 등 지원업무를 위해 차량을 40여 대 운영하고 있었다. 그런데 차량을 도색한 지 오래되어서 브랜드가 빛에 바래 보기 싫게 되어 있었다. G매니저를 찾아가 자사의 에어컨 사업을 확대시키기 위한 브랜드 마케팅의 방법으로 회사의 업무용 차량을 새롭게 도색하자고 제안했다. G매니저도 좋은 제안이라고 하면서 기획팀장에게 얘기해두겠으니 협의해보라고 했다. 기획팀장에게 연락해 차량을 새로 도색하면 움직이는 광고판 역할을 할 것이니 도색할 차량의 형태별 숫자를 알려달라고 했다. 일주일이 지나도 회신이 없어 재촉하니 바빠서 확인하지 못했다며 조금만 더 기다려달라고 했다. 또 일주일이 흘러도 소식이 없어 결국 직접 찾아갔다. 그제야 영업용 차량의 숫자를 확인해주었는데, 서비스 차량은 어찌되는가 물었더니 그건 서비스팀장에게 문의하라고 했다. 바로 서비스팀장을 찾아가 요청하니 다음 날 서비스 차량 숫자를 확인해주었다. 총 차량 수는 38대였다.

이제 차량을 도색하기 위해 마케팅 회사에 디자인 및 견적을 의뢰해야 했다. 마케팅을 담당하는 채널팀장에게 부탁해 마케팅 회사에 연락을 취하고 미팅을 했다. 자사가 원하는 도색 디자인의 방향을 설명하고 디자인안과 견적을 요청했다. 견적은 대략 2만 달러였다. 마케팅 비용은 기본적으로 거래선과 자사가 50:50으로 부담한다는 원칙에 따라 양 사가 1만 달러씩 부담하기로 했다. 마케팅 회사는 차량 도색에 약 2주가 소요된다고 했다. 채널팀장이 내부 보고를 하고 결재를 받아 집행키로 했다. 이제는 차량 도색이 언제 되는지 날짜만 챙기면 될 듯싶었다. 그런데 진행이 어찌되는지 확인하려고 하니 채널팀장과 연락이 되질 않았다. 어찌된 일인가 알아보니 요르단 집에 일이 있어 휴가를 갔다고 했다. 언제 오는지 물어봐도 정확한 날짜를 알려주지 않고 약 2주일 걸릴 거라고 했다. 그렇게 2주가 지나고 채널팀장이 복귀했다. 차량 도색은 언제 하냐고 물어보니 바쁘다며 나중에 얘기하자고 했다. 며칠 후 다시 물어보니 차량 도색에 대해 아직 보고조차 하지 않았다고 했다. 정말 복통이 터지는 기분이었다. 결국 G총괄매니저를 찾아가 이 업무를 채널팀장이 진행하는 것은 적합하지 않은 것 같다고 말하고 다른 팀장을 선정해줄 것을 요청했다.

거래선 내부 업무 조율을 통해 차량 도색 관련 향후 업무는 서비스팀장이 담당하기로 했다. 서비스팀장은 그래도 업무적으로 믿을 수 있는 사람이었다. 이미 시간이 많이 흘렀으니 서둘러 진행하기로 그와 이야기하고 바로 결재를 진행했다. 이틀 후, 결

[그림 3-9] 쿠웨이트 Be사의 서비스 차량

재가 났으니 마케팅 회사를 통해 도색을 진행한다는 연락이 왔다. 드디어 3대의 차량 도색이 완료되고 서비스팀장과 함께 도색이 완료된 차량의 품질 검수에 들어갔다. 코너 부분의 도색이 매끄럽지 못한 것을 깔끔하게 처리해달라고 요청한 후 나머지 차량의 도색도 진행했다.

차량 도색을 제안해서 완료하는 데까지 6개월이 걸렸다. 한국 같으면 2주일, 늦어도 한 달이면 끝날 일을 반년이나 걸려서 마무리한 것이다. 조직 내 업무가 이런 식으로 진행되면 매출 성장이 원활히 이루어질 수가 없다. 거래선이 제대로 운영되려면 오너 또는 총괄매니저가 직접 업무에 관여하고 의사결정에 참여해야 한다. 최소한 주기적으로 업무현황을 보고받고 사업방향에 대해 가이드를 해야 조직이 원활하게 움직일 수 있다. 매출실적을 보고받고 명확한 사업방향을 제시하며 조직 내 원활한 커뮤니케이션이 이루어지도록 관리해야 한다. 각 부서별 업무가 조직의 목표에 맞도록 정렬되어야 하며 이슈가 있을 때는 모든 부서가 공유하고 해결점을 찾아가야 한다. Be사의 경우 내가 조직 내부에 깊숙이 파고들지 못해 그런 것일 수도 있으나, 부서별 활동이 개별로 이루어지는 것은 분명 일의 효율을 떨어뜨리고 성과를 가로막는 문제였다.

우수한 리더는 자신이 잘할 수 있는 일을 남의 힘을 빌려 실행해 보다 더 나은 성과를 내도록 이끈다고 한다. 이런 점에 비추어보면 파트너 매니저들을 섬기는 리더십이 아직 내게 미흡한 것 같다. 그래도 서비스 차량을 도색하는 일을 시작으로 쿠웨이트 B2B 시장에서 에어컨 매출이 성장하는 데 일조할 수 있었던 것에 마케터로서 보람을 느낀다.

해외 거래선을 통해 사업을 성장시키기 위해 마케터에게 필요한 사항이 무엇인지 정리해보면 다음과 같다.

- **현지 문화와 상관습에 대한 공부와 이해**

'로마에 가면 로마의 법을 따르라'라는 말이 있듯이 중동에 가면 중동의 문화를 이해해야 하고 인도에 가면 인도의 상관습을 이해해야 한다. 특히, 중동에서 사업을 하기 위해서는 에이전트(agentship) 상관습을 이해해야 한다. 중동의 대부분의 국가들은 외국 기업이 진출 시 자국민의 권익을 보호하기 위해 자국민 에이전트(agent)와 함께 사업을 하도록 하고 있다. 중동문화권의 상관습은 불문법적 요소가 많다. 예를 들어, 명시적인 독점적 계약서가 없더라도 장기간(10년 이상) 사업을 지속해왔으면 암묵적인 독점권을 인정한 것으로 간주하여 거래선을 변경하거나 다변화해야 할 때 법적으로 여러 가지 불리한 상황이 발생할 수 있다. 에이전트와의 관계 악화로 해당 국가에서 사업을 할 수 없는 경우가 생길 수도 있다. 따라서 상대방의 문화와 상관습에 대해 충분히 공부하고 이해함으로써 불필요한 시간 낭비와 사업의 낭패를 줄여야 한다.

- **현지인들과의 조화**

해외에서 사업을 하는 경우에 외국인인 내가 현지의 상황을 전부 이해할 수 없기 때문에 현지인을 통해 많은 업무를 진행할 수밖에 없다. 현지인들이 아무리 부족해도 내가 그 일을 할 수 없는 상황이라면 그들의 역량을 높일 수 있는 방법을 찾아야 한다. 현지인들의 업무를 지원하고 협조하여 그들이 성과를 낼 수 있도록 북돋워주고 지속적으로 점검해야 한다. 한편, 많은 국가의 (현지인에 대한) 고용제도가 외국인에게는 불리하게 되어 있다. 따라서 현지인을 해고해야 할 상황이 발생하면 현지인들 간에 정리하고 해결할 수 있도록 해야 한다.

- **원활한 커뮤니케이션을 통한 이슈 해결**

나와 다른 문화에서 생활해온 현지인들과 팀워크를 이루며 일하고 시너지를 창출하기 위해서는 원활한 커뮤니케이션이 이루어져야 한다. 현지인들과의 소통을 위해 필요한 것은 무엇보다 그들의 문화를 이해하려는 열린 자세다. 일을 진행하는 과정에서 어떠한 이슈가 발생했다면 먼저 다가가 현지인들과 다양한 대화와 소통을 시도하자. 이슈가 발생했을 때 적극적으로 오픈하고 함께 공유하며, 상대방의 어려움이 무엇인지 이해하려는 태도를 지녀라. 그러면 많은 이슈들이 순조롭게 해결될 수 있다. 내가 먼저 마음의 문을 열고 다가가면 상대방도 마음의 문을 열기 마련이다.

MARKETING STRATEGY

4장

B2B 브랜드 전략으로 성장하라!

1 B2B 브랜드의 중요성

세계 최대의 브랜드 평가 기관인 인터브랜드(Interbrand)가 발표한 '2018 베스트 글로벌 브랜드'에서 6년 연속 1위를 차지한 곳은 애플(Apple)로 브랜드 가치가 2,000억 달러가 넘는다. 애플, 구글을 포함한 IT 관련 업종 5개 기업이 상위 10대 브랜드에 자리하고 있다. 100대 브랜드 중 한국기업으로는 삼성(6위), 현대(36위), 기아(71위)가 선정되었으며 삼성의 브랜드 가치는 598억 달러에 이른다. 대표적 B2B 기업인 인텔(Intel)은 브랜드 가치가 432억 달러로 11위에 선정되었다.

기업의 마케팅 활동 중 가장 중요한 핵심 요소로 꼽히는 브랜딩은 대체로 B2C 영역으로 인식되어왔다. B2B 기업은 주로 구매센터에서 구매결정이 이루어지므로 브랜드와 같은 감성적 요소보다는 품질, 가격, 배송과 같은 객관적인 지표를 중요시해왔다. 그러나 최근 들어 시장경제의 글로벌화와 기술력 제고로 제품의 차별화가 어려워지고 기업 간 경쟁이 치열해지면서 고객사의 사업 부진이 공급업체의 매출 감소로 이어지는 상황이 발생하기도 한다. 이에 B2B 기업들도 B2B 브랜딩의 중요성을 인식하기 시작했다.

B2B 시장에서 '브랜드 자산'이란 고객이 특정 기업에 대해 그 업체가 제공한다고 인식하는 가치의 총합으로 브랜드 인지도, 지각된 품질, 이미지 등에 의해 형성된다. 이러한 브랜드 자산은 고객 및 최종소비자뿐만 아니라 기업의 이해관계자, 투자자, 임직원, 경쟁자 등에게도 상당한 영향을 미친다. 한 연구에 의하면 B2B 시장에서 기

업 브랜드가 기업의 주식가치에 미치는 영향력은 평균 7%에 이른다고 한다.★ 그만큼 B2B 기업 입장에서 브랜드 프리미엄은 수익 증대, 자산가치 확대, 우수인재 영입 등의 긍정적인 역할을 한다. 특히 우수인재 확보는 B2B 기업의 성과 창출의 기반이 되므로 브랜드 이미지 제고를 통해 유능한 인력을 확보하는 데에도 많은 관심을 가져야 한다.

2 B2B 브랜드 관리

B2B 제품은 일반 고객에 대한 노출 빈도가 낮아 소비재에 비해 인지도나 친근감 등이 떨어지기 쉽다. 따라서 지속적인 브랜드 관리를 통해 사업을 이해시킬 필요가 있다. B2B 기업의 브랜드 관리는 기업의 고용 브랜드(employer brand)나 기업 가치와 연결된다. B2B 브랜딩의 대표적인 성공 사례로 포스코를 들 수 있다. 포스코는 철강기업이라는 무겁고 차가운 이미지를 광고를 통해 인간적이고 친근한 요소로 변화시키고 사업 다각화를 이룬 경우이다.

브랜드는 고객이 브랜드 사용으로 믿을 수 있는 제품의 물리적 속성(attribute)에 대한 기능적·정신적 기대치(benefit)와 브랜드 사용으로 믿을 수 있는 감성적·사회적·문화적 가치(value)로 표현된다. 그리고 브랜드 가치는 해당 브랜드의 제품을 사용한 결과 나타날 수

★ 〈LG Business Insight〉(2016. 7. 13) Weekly 포커스란에 실린 내용이다.

있는 근본적 요소(personality)가 형성된 것이다.

그렇다면 B2B 브랜드 마케팅을 효율적으로 진행하기 위한 전략적 방향성을 살펴보자.

- 첫째, 고객과 소통할 수 있는 핵심적인 마케팅 메시지를 발굴해야 한다.

  독일의 바스프(BASF)는 B2B 매출이 90%에 이르는 전형적인 화학 B2B 기업이다. 바스프는 화학 기업의 환경 파괴 이미지를 탈피하기 위해 '고객과 환경을 생각하는 기업'이라는 브랜드 이미지를 채택했다. 그리고 이를 고객에게 전달하기 위한 방법으로 대대적인 광고가 아니라 영업팀에 대한 교육을 실시했다. 지속적인 교육을 통해 영업팀원들은 바스프에 대한 자부심을 지니고 고객들에게 일관된 메시지를 전달하게 되었다. 이를 통해 바스프는 고객들의 마음속에 신뢰할 수 있는 브랜드로 자리매김하게 되었고 프리미엄 이미지도 구축하게 되었다. 그 결과 2008년 글로벌 금융위기 때도 매출과 순이익이 증가하는 성과를 거두었다.

  컴퓨터 제조업체로 출발한 IBM은 가격경쟁력 이슈로 컴퓨터 부문을 매각하고 현재는 컨설팅, 기술 서비스 등 B2B 부문에 집중하고 있다. 이러한 변화를 꾀하면서 IBM은 '스마트 플래닛(smart planet)'이라는 캠페인을 벌였다. 이를 통해 브랜드를 새롭게 구축하고 공공, 교통, 수자원, 교육 등의 사업 영역에 집중했다. 그 결과 더 똑똑한 세상, 더 나은 세상을 만드는 브랜드라는 새로운 이미지를 기업과 공공조직에 심어주게 되었다.

- 둘째, 고객에 대한 심도 있는 분석과 선제적 대응이 필요하다.

  사업 환경의 불확실성이 증대된 오늘날, B2B 기업은 고객의 요구에 수동적으로 조치를 취하기보다는 먼저 고객의 시장을 분석하고 주도적으로 이끌어가는 '상품기획 역량'을 발휘해야 한다. 화학 분야의 대표적 기업인 듀퐁(Du Pont)의 제품 중 항공기의 내장을 코팅하는 '폴리머'라는 제품이 있다. 이것으로 항공기 내장을 코팅하면 때가 잘 타지 않고 묻은 때도 쉽게 지워진다고 한다. 이 제품은 듀퐁이 고객(항공사)의 고객(항공기 탑승객)까지 고객의 범위를 확장시켜 탑승객의 불편사항을 분석하고 솔루션을 제안한 좋은 예다. 듀퐁은 항공사 안전성 평가에 기내 청결도가 포함된다는 점을 파악하고 고객의 감성적인 가치를 채워줄 수 있는 제품을 개발하여 선제적으로 대응하였다.

- 셋째, 고객사의 구매결정이 용이하게 이루어질 수 있도록 고객사가 집단적 합의를 할 수 있는 체제를 만들어 제공해야 한다.

  미국의 CEB라는 기관에서 5000명 이상의 B2B 구매담당자들을 대상으로 조사한 결과, B2B 계약에 이르기까지 5.4명의 구매의사결정자가 관여하는 것으로 파악되었다. 각 부서의 이해관계가 얽히면 의사결정에 이르는 소요 기간이 길어지고 때에 따라서는 구매결정이 무효가 되기도 한다. 이를 피하기 위해서는 각 구매센터의 의사결정자가 구매를 지지하고 옹호하게 만들어야 한다.

  기업을 대상으로 위생 및 안전 제품과 서비스를 공급하는 킴벌리클라크(Kimberly-Clark)는 구매집단의 의사결정이 용이하도록 현장조사라고 불리는 공동 학습기회를 제공한다. 또 고객이 요청하면 전문인력을 현장에 파견해 개선방안을 조언한 후 이를 토대로 고객사의 문제점과 해결책을 제시하는 보고서도 제공한다. 이러한 활동을 통해 고객사의 의사결정이 신속히 이루어질 수 있도록 지원하는 것이다.

B2B 시장에서 강력한 브랜드를 만들고 성공적으로 브랜드 관리를 한다는 것은 결국 기업이 고객들에게 지속적으로 고객가치를 제공하면서 신뢰를 쌓아간다는 것을 의미한다. 이러한 신뢰를 바탕으로 기업은 B2B 시장에서 고객과 장기적인 파트너 관계를 유지하고 지속적인 매출 성장을 만들어갈 수 있다.

3 제품 네이밍 전략

마케팅 활동에서 제품 네이밍의 중요성은 매우 크다. 제품 네이밍은 자사의 제품을 타사의 것과 구분하기 위해 제품에 이름표(naming)를 달아주는 것으로, 이를 근거로 해서 기업과 고객 간에 마케팅 커뮤니케이션이 이루어진다. 기업은 제품 카탈로그, 브로셔, POP(point of purchase), 광고 등에서 네이밍을 통해 고객과 지속적인 커뮤니케이션을 한다.

네이밍을 새로 만들고 신규 브랜드를 추진하는 데에는 신중을 기해야 한다. 너무 많은 서브 브랜드(sub-brand, 기존의 브랜드에 기반하면서 차별점을 둔 하위 브랜드), 펫네임(pet name, 제품명 대신 애칭처럼 통용되는 이름) 등이 고객에게 혼선을 주어 오히려 브랜드를 차별화하고 확고히 하는 데 방해가 될 수 있기 때문이다. 그리고 신규 브랜드를 알리기 위해서는 많은 홍보(광고) 비용을 투입해야 하기 때문이다. 또한 네이밍이 제품의 속성을 잘 반영하지 못할 경우 전체 브랜드의 이미지를 좋지 않은 쪽으로 몰고 갈 우려도 있다. 그러므로 네이밍은 브랜딩 전략 하에 추진 여부를 신중히 결정해야 한다.

아시아 지역에 인버터 에어컨을 본격 출시한 후 매출을 증대시키기 위해 여러 가지 마케팅 활동을 고민했다. 연구소에서는 자사 제품이 차별화될 수 있는 여러 가지 기능을 포함하여 제품을 개발하고, 마케팅팀은 인버터의 기능을 소구하면서 경쟁사와 구분되는 새로운 이미지를 심어줄 수 있는 네이밍을 고민했다. 마케팅, 상품기획, 영업 등 여러 부서에 네이밍 아이디어를 공모했다. 인버터 기능이 에너지를 절약해준다는 의미를 담은 에너자이저(energizer), 히말라야의 신선한 공기를 전달해준다는 의미를 담은 히말라야(Himalaya), 지중해 청정지역의 공기를 가져온다는 의미의 산토리노(Santorino) 등등 신선한 아이디어가 많이 나왔지만 쉽게 결정할 수가 없었다. 제시된 아이디어로 네이밍 워크숍까지 실시했으나 결론이 나지 않았다.

그러던 중 브랜드 네임이 향후 지속적으로 사용되기 위해서는 외부 전문가에게 의뢰해 고객 관점의 신선한 네이밍을 해보는 것이 좋겠다는 쪽으로 의견이 모아졌다. 네이밍 전문업체 세 곳을 불러 역량을 평가하고 견적을 받아 최종 업체를 선정했다. 해당 업체에 LG전자의 브랜드 운영 방향과 신제품 특징, 향후 네이밍의 활용 방안을 설명해주고 적합한 네이밍을 제안해줄 것을 요청했다. 2주가 지나서 업체는 브랜드 이미지, 활용성, 발음의 편이성, 아시아 국가별 법적 이슈와 상관습 등을 고려한 몇 가지 네이밍을 제안했다. 제트프레쉬(Jet Cool + Fresh air), 플라스마스터(Plasma + Master), 헬스플러스(Health Plus), 히말라야, 산토리노 등 다양한 안 중에서 최종적으로 '헬스플러스'가 선택되었다. 뛰어난 냉방기능뿐만 아니라 고객의 건강까지 고려한 공기청정기능을 갖춘 에어컨이라는 속성을 가장 잘 드러내주는 이름이라 판단되었기 때문이다.

이후 헬스플러스 브랜드 디자인을 확정한 후 제품 카탈로그, 피오피, 리플렛, 교육용 자료 등에 네이밍을 추가하여 제품을 소개하는 안을 패키지로 만들고 해외 지역 거래선에 배포하였다. 태국법인은 헬스플러스 브랜딩을 강화하기 위해서 태국 뉴스의 앵커를 모델로 하여 광고 촬영까지 진행해 언론의 주목을 받았다. 뉴스 앵커의 이미지가 헬스플러스 인버터 에어컨에 전이되어 고객들에게 강한 브랜드 이미지를 심게 되었으며 매출이 지속적으로 상승하는 계기가 되었다.

사례 중국 땅에 처음으로 LG 브랜드를 심다

중국의 동북 3성이라 불리는 요녕성, 길림성, 흑룡강성은 우리와 친숙한 곳이다. 우리 선조들인 기마민족이 말을 타고 바람을 가르며 광야를 누비던 곳이다. 또한 일제시대 항일운동, 독립운동의 근거지로 한국 근대사의 중요한 역사적 장소이기도 하다. 특히, 하얼빈은 안중근 의사가 이토우 히로부미를 사살한 역사적 장소가 아닌가.

동북 3성은 개인적으로도 인연이 많은 장소이다. 1992년 한중수교 이후 한국의 많은 기업들이 중국에 물밀듯이 진출하였다. LG전자도 중국에 10여 개의 생산기지를 구축하고 판매기지로 중국 주요 지역에 지사를 설립하여 판매 기반을 다졌다. 요녕성의 성도인 심양(瀋陽, 선양)에 LG전자가 지사를 세우며 필자가 지사원으로 발령 나서 1995년 부임했다. 심양지사는 동북지역 3개성 1억 명의 인구를 대상으로 마케팅 활동을 통해 브랜드 이미지를 제고하고 매출 증대를 이루겠다는 목표하에 설립되었다. 심양지사 부임 후 현지 인원을 채용하고, 사업 목표를 준비하고, 지역별 거래선을 발굴하는 등 정신없이 바쁘게 보냈다.

이즈음 회사는 금성사(Goldstar)에서 LG전자로 사명을 변경하고 브랜드를 교체했다. 중국에서도 브랜드 교체에 따라 적극적인 마케팅 활동을 벌였다. 우리는 우선 3개 성의 성도인 심양, 장춘, 하얼빈을 주요 전략시장으로 정했다. 당시 시장에서 자사 브랜드는 Goldstar 이름을 중국어 음으로 번역한 '고사달(高士達)'로 불리고 있었다.★ 고사달 브랜드는 이미 고객들에게 품질이 괜찮은 중급 브랜드로 인식되고 있었다. 우리는 이번 브랜드 변경을 계기로 LG전자를 프리미엄 브랜드로 자리매김하고자 했다. 그래서 60인치 대형 TV, 460리터급 냉장고, 통돌이 세탁기 등 한국에서 판매가 잘되는 신기술 고급 제품을 수입해 전시하며 지역별 로드쇼를 진행했다. 이러한 마케팅 활동을 통해 자

★ 중국에서는 영어 브랜드를 중국어로 번역하여 한자식 브랜드를 사용한다. 예를 들어, 스타벅스(Starbucks)는 싱바크(星巴克, xingbake)로 불린다.

사의 브랜드 이미지를 제고하고 우량 경소상(거래선)을 발굴하고자 했다.

한번은 하얼빈의 빙등제(氷燈際) 기간인 1월에 하얼빈의 유명 호텔에 자사의 제품을 전시하고 이벤트 마케팅 활동을 진행하고자 했다. 심양에서 전시에 필요한 제품을 트럭으로 보내고 나는 기차에 몸을 싣고 11시간을 달려 하얼빈에 도착해 전시 준비를 시작했다. 당시만 해도 중국은 시장 개방 초기여서 고급 가전제품에 대한 고객들의 요구가 컸으나 제품 공급이 원활하지 않았다. 소니 33인치 브라운관 TV가 최고였던 시절이어서 LG전자의 60인치 프로젝션 TV는 관람객들에게 큰 주목을 받았다. 고급 냉장고, 세탁기 등 신제품을 보기 위한 사람들로 전시장은 발 디딜 틈이 없었다. 제품을 당장 사겠다고 현금을 들고 오는 사람도 있고 LG전자의 제품력과 기술력을 처음 알게 되었다고 신기해하는 사람도 있었다. LG전자가 어느 국가의 브랜드인지, 제품은 어디서 살 수 있는지, 생산은 어디서 하는지 등 많은 질문을 쏟아냈다. 직원들의 열정과 노력으로 5일간 진행된 브랜드 로드쇼는 성황리에 마감되었다. 행사 종료와 함께 전시 제품을 80% 이상 판매하였으며 LG전자의 브랜드 이미지를 성공적으로 부각시킬 수 있었다.

기업의 브랜드는 한번 만들면 쉽게 바꿀 수 없다. 수많은 기업들이 브랜드를 고객에게 알리기 위해 다양한 홍보, 광고 활동에 엄청난 투자를 한다. 고객에게 좋은 브랜드로 자리매김하기 위해서는 고객의 니즈에 맞는 신제품을 출시하고 지속적인 홍보, 마케팅 활동을 통해 친근한 이미지로 다가가야 한다. 또한

CSR(corporate social responsibility)과 같은 기업의 사회적 이미지 제고를 위한 활동을 지속적으로 실시하여 고객에게 친근한 이미지로 다가가야 한다.

key point

✔ 브랜드를 바꾸는 활동은 막대한 인적, 물적 투자가 소요되므로 신중한 브랜딩 정책과 일관된 마케팅 활동이 지속되어야 한다.

✔ 브랜드 마케팅은 고객을 향한 지속적인 마케팅 활동을 통해 고객에게 다가가는 활동이다.

사례 산학연계활동으로 긍정적인 브랜드 이미지를 심다

냉동공조 업계는 대학의 냉동공조학과와 긴밀히 연계되어 있다. 통상 대학에서 냉동공조학과를 졸업하면 사회에서도 관련 업계에 취업을 하게 되며, 각 회사별로 인맥을 찾다 보면 대학의 선후배들이 곳곳에 포진해 있기 마련이다. 또한 냉동공조 관련 협회가 활성화되어 있는 국가도 많이 있다.

베트남 호찌민에서 에어컨 사업을 활성화하기 위해서 냉동공조 학계와의 연계를 통한 마케팅 활동이 필요했다. 직원들에게 대학의 냉동공조학과와 제휴하여 세미나를 하거나 냉동공조 학계와의 산학연계 마케팅 활동을 제안해달라고 했다. 직원 중에 호찌민 공과대학교의 열냉동학과를 졸업한 친구가 있어 학교 사무실로 연락해서 교수님과의 미팅을 주선했다. 호찌민 공과대학교는 호찌민 내 최고의 공과대학이다. 처음으로 대학의 학과장님을 만나는 자리여서 한국 기업의 이미지와 연계하기 위해 한국인이 운영하는 호찌민의 한식당으로 초대를 하였다. 입구에서 Mr. Chi Hiep Le 학과장님과 수인사를 하고 한식당 귀빈실로 안내했다. 식사를 하면서 술이 한 순배 돌고 나서 자사가 열냉동학과와 산학제휴를 맺기를 희망한다는 점을 이야기했다. 학과 운영에 필요한 제품 지원과 장학금 지원, 우수학생의 자사 채용 추진 등에 자사의 산학연계 활동 방향에 대해서 설명드렸다. Mr. Chi 학과장님은 LG전자와 산학제휴의 기회를 갖게 된 것에 대해 매우 만족해했다.

이후 호찌민 공대를 방문하여 열냉동학과에 대한 소개를 듣고 실습실을 견학했다. 실습실이라고 해야 10년도 넘은 낡은 에어컨 2대가 놓여 있는 게 전부였다. 이어서 열냉동학과와 LG전자 간 정식 산학연계 협약식을 맺었다. 협약식에 이어 열냉동학과 학생들을 대상으로 LG전자의 제품들을 소개하였다. 학생들은 새로운 제품 지식, 선진 냉동기술 노하우를 접하며 강의에 몰입했다. 학과장님은 선진 냉동기술을 배울 수 있는 좋은 기회를 주어 고맙다며 앞으로도 새로운 기술을 접하고 제품을 직접 실습해볼 수 있는 기회를 달라고 요청했다.

이후 회사에 돌아와서 자사에서 판매하는 최신 에어컨을 공대에 기증하기로 하였다. 제품을 전달하고 간단히 증정식을 하고자 했는데 호찌민 대학에서 기업의 산학연계 활동에 많은 관심을 갖고 기자들까지 초청하여 에어컨 기증식이 언론에 공개되었다. 자연스럽게 자사의 에어컨을 홍보할 수 있는 좋은 기회가 된 것이다. 한편, 학교의 요청으로 매학기 1회씩 공대 학생들을 자사의 트레이닝 센터에 초청하여 새로운 기술과 제품을 접할 수 있는 교육 기회를 제공하기로 했다.

Mr. Chi 학과장님과 좋은 관계를 맺게 된 이후 몇 개월이 지나서 자사가 고객 대상 기술 세미나를 할 기회가 있었다. 150여 명의 컨설턴트, 아키텍트, 컨트랙터 등을 초청하여 LG전자의 제품과 기술력을 소개하는 자리였다. 이 자리에 특별히 호찌민 공대의 Mr. Chi 학과장님을 초청연사로 초대하여 냉동공조에 대한 전반적인 내용을 소개해줄 것을 요청했다. 학과장님은 흔쾌히 동의하고 자료를 직접 준비하여 발표해주셨다. 학과장님의 찬조연설로 세미나는 더욱 권위 있고 의미 있는 자리가 되었다.

이후 자사가 주요 컨설턴트를 한국에 초청하는 기회가 있었다. 주요 고객이 자사 공장의 제품 생산라인을 직접 보고 설치 현장을 직접 참관할 수 있는 기회를 마련한 것이다. 이 기회에 Mr. Chi 학과장님을 같이 초청하여 자사의 현황을 보여주기로 하였다. Mr. Chi 학과장님과 컨설턴트들은 자사의 생산라인을 보면서 선진적 생산기술에 놀라움을 금치 못했다. 이는 단순히 LG전자에 대한 신뢰를 넘어 대한민국에 대한 인상을 새롭게 하는 계기가 되었다. 모든 일정을 마치고 공장 견학, 한국 투어의 소감을 밝히는 자리에서 컨설턴트들은 모두 선진 기술을 볼 수 있어 좋은 경험이었으며 자사 제품의 품질에 대한 신뢰를 두텁이 할 수 있었다고 입을 모았다.

호찌민 공과대학교 열냉동학과와의 산학협력은 지속적으로 원활히 이루어졌다. 회사는 장학금과 제품·기술 교육 등을 학교에 지원하고, 학교는 회사의 활동을 적극 지원하였다. 이러한 활동이 학생들에게 LG전자에 대한 긍정적 이미지를 심어주어 많은 이들이 자사에 입사를 희망하게 되었다. 또한 대학과 냉동공조 업계 그리고 냉동공조 제조업체 간의 지속적인 연계 활동을 통해 향후 프로젝트 수주를 활성화하고 매출을 증대하는 데 기여하게 되었다.

이와 같은 산학연계활동은 장기적인 관점에서 학교와 공조업계, 그리고 제조업체 간의 긴밀한 협조를 통해서 이루어질 수 있다. B2B 사업은 장기적이며 지속적인 고객관계관리를 통해 성장해나갈 수 있는데, 산학연대를 통한 마케팅 활동은 B2B 사업에 매우 적합하고 소중한 활동이다. 산학연계활동을 통해 대학생들에게 기업의 브랜드 이미지를 심게 되고, 그들이 졸업 후 관련 업계에 근무하게 되어 자연스럽게 브랜드에 친숙하게 된다. 그들이 학생 시절 실습시간에 직접 만져보고 실습하면서 갖게 된 제품에 대한 친숙한 브랜드 이미지는 사회생활을 할 때까지도 이어져 주요 프로젝트를 스펙인(spec-in)하거나 수주할 때 긍정적으로 작용한다. 이와 같이 산학활동은 장기적인 관점에서 B2B 브랜드 이미지를 만들어가는 데 중요한 역할을 한다.

key point

- ✔ 산학활동을 통한 마케팅 활동은 장기적인 관점에서 지속적으로 진행하여야 성과를 낼 수 있다.
- ✔ 산학활동을 통해서 미래의 인재를 육성할 수 있다.

4 성공적인 B2B 브랜드 전략

카메라와 필름의 대명사로 100년 넘게 군림하던 브랜드 코닥이 파산했다. 한때 미국 필름시장에서 90%의 시장점유율을 자랑하던 브랜드가 코닥필름(KODAK Film)이었다. 후지필름(Fuji Film)이라는 경쟁자가 등장한 것도 쇠락의 길을 걷게 된 한 원인이지만 주요 원인은 디지털카메라의 등장이었다. 그런데 역설적이게도 디지털카메라를 최초로 발명한 기업은 코닥이었다. 1975년 디지털카메라를 발명하였으나 시장성을 확신할 수 없고 기존 필름사업의 수익성을 해친다는 이유로 적극적으로 보급하지 않은 것이다. 코닥이 주춤하는 사이 후지필름이 1988년 디지털카메라를 출시했다. 필름사업의 어려움을 예상한 것은 후지필름 역시 마찬가지였지만, 후지는 시대의 변화를 수용하고 생존 차원에서 디지털카메라를 적극적으로 보급했다. 한편 코닥은 뒤늦게 디지털카메라를 출시해 미국 시장에서 선전했지만, 필름 부문과 디지털카메라 부문의 기업 내 갈등으로 사업이 갈피를 잡지 못하며 시장에서 경쟁력을 잃어갔다. 카메라 시장의 변화에 대한 두 회사의 상반된 대응은 결국 브랜드의 생사를 가르는 계기가 된 것이다.

브랜드의 운명은 기업의 비전, 조직문화에 의해 성장과 쇠퇴의 갈림길에 놓일 수 있다. 성공적으로 브랜드를 구축한 기업은 고객들에게 지속적으로 메시지를 전달한다. 그 메시지에는 기업의 전략적 비전(vision), 조직원들의 신념으로 만들어낸 조직문화(culture), 이해관계자가 만들고자 하는 이미지(image)를 일관되게 담는다. 이러한

VCI(vision-culture-image) 모델이 정렬되어 조직의 정체성으로 확립될 때 강한 브랜드 이미지를 구축하고 브랜드 가치를 높일 수 있다.

인텔은 브랜딩을 매우 성공적으로 하는 B2B 기업 중 하나로 꼽힌다. 인텔은 컴퓨터의 핵심인 프로세서를 생산하는 기업으로 최종 고객과 직접 접촉할 기회가 거의 없어 브랜드 인지도가 낮은 편이었다. 이에 고객들의 마음속에 인텔의 브랜드 이미지를 심기 위해 컴퓨터 업계와 B2B 계약 시 'intel inside'라는 스티커를 컴퓨터에 붙이는 조건을 제시하고 그에 동의하는 회사에 광고비를 지원했다. 컴퓨터 제조회사와의 이 같은 코마케팅(co-marketing)을 통해 인텔은 컴퓨터 업계와의 관계를 개선하고, 다른 회사의 반도체 제품과 차별화를 이루는 효과를 거두었다. 더 나아가 고객들이 인텔 스티커가 있는 제품을 좋은 제품으로 인식하게 되어 매출 향상을 이루고, 브랜드 자산가치가 400억 달러가 넘는 회사로 성장하게 되었다.

위의 사례들에서 볼 수 있듯이 이제 브랜딩은 B2B 마케팅에서 선택이 아닌 필수가 되었다. 성공적인 B2B 브랜드 이미지 구축을 위한 몇 가지 방안을 살펴보자.

• 첫째, B2B와 B2C의 차이점을 명확히 이해하라.

B2B 마케팅은 근본적으로 고객의 개별적인 욕구를 만족시키며 고객과의 장기적인 관계를 바탕으로 이루어진다. 따라서 B2B 브랜드를 구축하고 효과적으로 관리하기 위해서는 기술, 품질, 관계, 배송, 가격 측면의 경쟁력을 바탕으로 고객의 신뢰를 얻는 것이 필수적이다.

• 둘째, 파생수요를 고려한 가치사슬을 생각하라.

B2B 사업은 원료 공급 → 부품 생산 → 완제품 생산 → 유통 → 고객에 이르기까지 몇 단계의 가치사슬로 연결되어 있다. 따라서 고객과의 1차적 관계만 고려할 것이 아니라 전방과 후방의 파생수요 효과를 함께 고려해야 한다.

• 셋째, 고객의 고객이 소비자일 경우 요소브랜딩(ingredient branding)★을 활용한 브랜딩을 적극적으로 고려하라.

인텔의 사례에서 알 수 있듯이 고객사의 고객이 최종소비자일 경우 파생수요 측면에서 최종소비자를 적극적으로 공략할 필요가 있다. 이러한 B2B 요소브랜딩 전략은 시장과 고객의 특성을 충분히 파악하고, 기업의 마케팅 능력과 성공 가능성을 고려하여 검토해야 한다.

요컨대 B2B 마케팅은 장기적이고 일관적인 전략에 따라 실행되어야 한다. 장기적이고 지속적인 거래 관계에서 이루어지는 마케팅 활동은 기존고객과의 관계를 강화하고 신규고객 확보에 도움이 되기 때문이다. B2B 시장에서 강력한 브랜드를 만들고 브랜드 관리를 한다는 것은 고객에게 지속적인 가치를 약속한다는 것, 브랜드에 대한 고객의 신뢰를 쌓아간다는 것을 의미한다. 이러한 신뢰를 통해 고객과 함께 윈-윈하는 장기적 사업 파트너 관계를 유지할 수 있다.

★ 최종 제품에 포함된 부품이나 소재와 같은 구성 요소(ingredient)를 브랜드화하는 방법으로 소재브랜딩, 성분브랜딩 등으로 불리기도 한다.

5 프로젝트 레퍼런스 구축

대형 건설 프로젝트에 설치되는 설비나 에어컨과 같은 B2B 제품은 프로젝트 구매팀 또는 구매센터에서 브랜드, 사양, 레퍼런스 등을 검토하여 복수의 브랜드를 선정한 후 최고 의사결정자가 구매 브랜드를 결정한다. 제품 구매 시에 구매담당자는 보통 기존에 구매한 제품을 재구매하거나, 해당 제품군에서 최고의 브랜드 이미지를 지닌 제품을 구매하기를 선호한다. 신규 브랜드 제품을 구입한 후 품질에 문제가 발생하거나, 다른 브랜드 제품에 비해 품질이 떨어지면 구매담당자가 책임을 피할 수 없기 때문이다. 그러므로 대부분의 구매담당자는 기존의 제품을 타 브랜드로 교체하기 전에 제품의 성능을 객관적으로 보여줄 수 있는 설치 현장과 같은 레퍼런스를 확인하기를 원한다.

상업용 에어컨의 경우에도 동등의 제품을 가격이 저렴하다는 이유로 타사 제품으로 교체했다가 품질 문제가 발생하면 구매담당자가 책임을 물을 수 있으므로 대부분 기존의 브랜드를 신규로 교체하기를 꺼린다. 타 브랜드로 교체하려 할 때는 매우 신중하게 검토하며, 제품의 실제 사용 현장을 방문해 가동 현황과 고객 피드백 등을 직접 확인하고 싶어 한다. 따라서 이러한 구매담당자를 설득해야 하는 영업사원은 레퍼런스 자료를 항상 준비해 다니면서 고객이 원할 때 설명해주어야 한다. 또 제품의 실제 사용 현장을 확인하는 레퍼런스 투어 참가자가 구매의 핵심 인사(key man)인 경우가 많으므로 사전에 레퍼런스 현장에 대한 준비를 철저히 하고 현장 방문

시 세심한 배려로 확실한 브랜드 이미지를 심어주어야 한다.

특히 해외 B2B 사업에서는 각 국가별, 지역별로 버티컬 영역에서 레퍼런스 프로젝트를 확보하는 것이 매우 중요하다. 매번 레퍼런스 투어를 한국으로 오는 것은 고객의 시간과 비용 측면에서 효율적이지 못하다. 그럼에도 불구하고 국가의 중요한 프로젝트이거나 레퍼런스가 될 만한 성격의 프로젝트(예를 들면 에어컨 견적금액 100만 달러 이상의 프로젝트)일 때, 해당 지역의 랜드마크 건설 프로젝트일 때는 한국으로 초청하여 공장의 생산 현장을 견학하고 다양한 프로젝트의 제품 설치 현장을 방문하여 고객에게 강한 이미지를 심어주는 것이 좋다. 한국 초청은 또한 고객과 개인적인 친분을 쌓을 수 있는 절호의 기회이므로 고객의 흥미를 돋울 수 있는 다양한 프로그램을 준비해 관계를 돈독히 하는 것이 좋다. 숙소와 음식을 최고 수준으로 준비하고 고객이 개인적으로 관심 있어 하는 장소나 관광지를 안내해주는 등 세심히 배려한다. 이러한 고객관계관리(CRM) 활동을 통해 고객의 신뢰를 얻고 친밀한 인간관계를 형성하면 향후 프로젝트 수주 시 조언자 역할을 하거나 의사결정에 영향을 미칠 수 있다.

대형 프로젝트의 경우에는 경쟁사 역시 치열한 수주 활동을 펼치므로 이를 항상 주시하고 디벨로퍼와 인플루언서의 요구사항을 명확히 파악하여 적극적으로 대응하는 것이 중요하다. 잠시라도 주의를 늦추는 순간, 경쟁사에 프로젝트를 빼앗기는 상황이 벌어질 수 있음을 명심해야 한다. 이러한 점을 고려하여 레퍼런스 프로젝트는 초기부터 고객과 친밀한 관계를 유지하면서 프로젝트 단계별로 스펙인, 사양 변경 등 고객의 변동 사항을 면밀히 파악해야 한다. 이로써 중요한 의사결정이 필요할 때에 신속한 판단과 결정으로 프로젝트를 수주하도록 해야 한다.

한편, 수주한 프로젝트는 설치, 감리, 유지보수까지 철저히 관리하여 향후 프로젝트 수주를 위한 레퍼런스가 될 수 있도록 해야 한다. 프로젝트는 수주가 끝이 아니다. 수주를 하고 나서 프로젝트 관련 건설사(시공사), 제품 설치 회사(컨트랙터), 프로젝트 감리 회사(감리) 등과 우호적인 관계를 유지하고 자사 제품의 현장관리가 잘될 수 있도록 이끌어야 한다. 수주한 프로젝트를 잘 관리하여 관련 업계에 좋은 구전효과를 일으키고, 향후 프로젝트의 레퍼런스로 활용할 수 있도록 관련 내용을 수집하여 자료를 정리하는 것이 좋다. 프로젝트의 체계적인 사후관리 체계를 갖추어 수주 이후에도 설치, 감리, 유지보수, 서비스 부품 공급 등 단계별로 지속적인 관리를 함으로써 추가 수주로 연결될 수 있도록 노력해야 한다.

5-1 프로젝트 레퍼런스 구축 성공 요인

대형 B2B 프로젝트를 수주하기 위해서는 프로젝트 초기부터 긴장의 끈을 놓으면 안 된다. 프로젝트 수주를 성공으로 이끌고 레퍼런스를 구축할 수 있는 요인은 무엇인지 짚어보자.

- **정확한 프로젝트 정보**

  프로젝트의 투자자는 누구인지, 투자목적은 무엇인지, 프로젝트 완성 후 운영계획은 무엇인지, 컨설턴트, 공사일정, 의사결정 프로세스 등 가능한 한 많은 정보를 구체적으로 파악하는 것이 중요하다. 그래야만 고객의 니즈를 이해하고 그에 맞는 제안을 할 수 있게 된다. 프로젝트 진행 관련 상세도면과 같은 자료를 입수하여 제품 설계를 실시하고, 고객이 미처 파악하지 못한 이슈나 문제점을 파악하여 그에 맞는 솔루션을 제안한다. 이때 자사의 강점을 부각시킬 수 있는 차별화 포인트를 찾아야 한다.

- **신속한 대응체계**

대형 프로젝트는 단계별로 제안요청서(request for proposal, RFP) 작성, 제안서 작성, 견적 제시, 공사일정 확정 등 구체적인 일정이 나온다. 그런데 도중에 예기치 못한 상황이 발생하거나 긴급한 대응을 해야 하는 상황이 발생하기도 한다. 따라서 이러한 경우를 대비해 프로젝트 대응팀을 구성하여 프로젝트 상세 내용을 분석하고, 제품 스펙인을 하고, RFP를 상세 분석한 후 견적을 제안하며, 고객의 추가 요구사항에 신속히 대응할 수 있는 체계를 만들어야 한다. 고객이 레퍼런스 투어, 공장 검수를 요청하는 경우 관련 부서와 적극 협력하여 고객을 감동시킬 수 있는 기회로 삼아야 한다. 한 건의 레퍼런스 프로젝트를 수주하면 업계에 빠르게 소식이 전파되어 브랜드 위상이 달라질 수 있다.

- **고객관계관리**

B2B 사업에서는 고객관계관리 강화가 매우 중요하다. B2B 사업의 고객은 최종소비자가 아니고 채널 즉 디벨로퍼, 컨설턴트, 컨트랙터 등의 다양한 이해관계자다. 따라서 이들 인플루언서, 고객과

의 관계를 강화시킬 수 있는 다양한 마케팅 활동을 실시해야 한다. 컨설턴트 대상 세미나, 디밸로퍼 대상 프로젝트 레퍼런스 투어, 컨트랙터나 컨설턴트 대상 골프 미팅과 같이 비즈니스 상황과 대상에 맞추어 여러 가지 활동을 실시한다. 이러한 활동으로 고객과의 커뮤니케이션이 원활해져야 사업 성장의 기반을 마련할 수 있다.

- **제품에 대한 지속적 점검과 관리**

어렵게 수주한 프로젝트라 하더라도 시공, 서비스, 유지보수 등에서 문제가 발생하면 그동안의 노력이 수포로 돌아갈 수 있다. 따라서 엔지니어링 역량을 기반으로 제품을 설치하고 품질문제가 발생하지 않도록 지속적으로 점검하고 관리해야 한다. 프로젝트 완료 시까지 이러한 과정을 책임 있게 진행할 때, 진정한 레퍼런스 프로젝트로서 그 의미를 인정받게 된다.

사례 태국 땅에 브랜드를 새롭게 각인시키다

태국의 수도인 방콕은 외국인이 생활하기 좋은 도시 중 하나인데, 관광객을 대상으로 한 호텔은 많으나 외국인 대상 고급 주거 시설이 부족한 편이다. 방콕에서 에어컨 마케팅 매니저로 근무하던 시절, 하루는 영업사원이 컨설턴트 방문을 마치고 사무실에 복귀해 귀가 솔깃하는 이야기를 들려주었다. 외국인이 많이 사는 스쿰빗(Sukhumvit) 거리에 대형 주거 빌딩이 들어선다는 소식이었다. 투자자는 싱가폴계 C사이며 스쿰빗 거리에 50층짜리 4동의 고급 주상복합 빌딩이 들어선다고 했다. 이러한 내용을 보고받은 후 보다 구체적인 정보를 파악해보니 해당 빌딩은 밀레니엄 레지던스로 스쿰빗 18, 20가 사이에 지어질 예정이었다. 컨설턴트는 글로벌 컨설턴트인 마인하트(Meinhardt)였다.

평소 마인하트사와의 관계를 돈독하게 해온 터라 프로젝트 건축도면, 규모, 일정 등 상세 정보를 입수할 수 있었다. 그런데 도면을 보니 에어컨 설계가 이미 일본계 D사 제품으로 스펙인(spec-in) 되어 있었다. 상황이 이러하다 보니 에어컨 납품업체 리스트에 자사를 등록시키는 일이 시급했다. 방법을 궁리하다가 마인하트 컨설턴트를 만나 자사가 고층 아파트에 에어컨을 납품한 경험이 많아 고층빌딩에 적합한 최적의 솔루션★을 갖추고 있다는 점을 설명하고, 그것이 경쟁사와 차별화되는 우수성이라는 점을 강조했다. 결국 컨설턴트의 관심을 끄는 데 성공하여 에어컨 납품업체 리스트에 포함될 수 있었다.

드디어 자사의 제품이 경쟁사와 동등한 출발선에 섰다. 본격적인 싸움은 이제부터 시작이었다. 경쟁사와 치열한 수주전을 벌여야 했다. 우선, 프로젝트에 적합한 차별화된 제품이 준비되어 있어야 하고 대형 프로젝트를 납품한 이력을 갖고 있는 것이 중요했다. 대형 프로젝트의 경우에는 컨설턴트가 브랜드 이미

★ 고층건물은 에어컨 설치에 많은 어려움이 따른다. 실외기를 설치할 장소를 확보해야 하고, 열기둥(heat stagnation) 현상(에어컨을 한쪽 면의 같은 방향으로 설치 시 아래층의 열기가 위층으로 전달되는 현상. 20층이 넘는 고층건물은 이로 인해 에어컨 성능이 저하될 수 있음)이 발생하지 않도록 설치하는 등 최적의 솔루션을 찾아야 한다.

지, 성능, 사양 등을 고려하여 복수의 후보 브랜드를 디벨로퍼에게 제안하고 해당 브랜드 내에서 디벨로퍼가 직접 에어컨 구매를 결정했다. 1차 관문인 벤더 리스트(vender list)에 등록이 되었으니 이제는 디벨로퍼를 공략해야 했다. 싱가폴계 C디벨로퍼는 싱가폴은 물론 아시아의 많은 국가에 대형 프로젝트를 진행하는 대형 투자자였다. 어떻게든 인맥을 통해 디벨로퍼와 연결되어야 하며, 에어컨 브랜드 결정에 직접 관여하는 주요 인사를 대상으로 고객관계관리를 해야 했다. 세일즈 디렉터를 통해 다방면으로 인맥을 찾도록 하였으나 밀레니엄 프로젝트의 핵심 인맥을 확보하기가 쉽지 않았다. 인맥을 확보하기 위해 수소문하면서 법인장께 프로젝트 관련 인맥을 찾고 있다고 보고하였다. 평소 태국의 상류층 인사들과 다방면으로 교류를 해오던 법인장은 이후 밀레니엄 프로젝트의 주요 인사(key man)를 찾아내 저녁 약속까지 잡아주셨다.

어렵게 성사된 키맨과의 약속 자리, 프로젝트 수주가 목적이지만 처음부터 사업 이야기를 꺼낼 수는 없었다. 음식과 술을 나누며 분위기가 무르익을 즈음 C디벨로퍼의 태국 사업 현황에 대한 정보를 들을 수 있었다. C디벨로퍼는 태국을 성장전략 국가로 분류하여 투자를 늘리고 있으며, 밀레니엄 프로젝트뿐만 아니라 파타야에도 대규모 호텔을 건설할 계획을 가지고 있었다. 그는 프로젝트의 최고 결재권자이기는 하지만, 일정 금액 이상의 구매결정은 이사회의 내부 협의를 거쳐 결정하는 프로세스로 진행된다는 점도 알게 되었다. 상대의 이야기에 귀를 기울이다가 자연스럽게 자사의 가전제품과 에어컨이 경쟁력이 있으니 소개할 수 있는 기회를 달라는 뜻을 전달했다.

키맨과의 만남이 있은 지 얼마 후 컨설턴트를 통해 에어컨 공급업체의 비딩(bidding) 소식을 듣고 참가하게 되었다. 우선, 납품 후보업체들의 제품 소개 시간이 주어졌다. 주거용 에어컨 관련 비딩이었지만 자사는 에어컨뿐만 아니라 TV, 냉장고 등 종합가전 업체라는 이미지로 경쟁사와 차별화하고자 하였다. 물론, 에어컨 분야에서도 8년 연속 글로벌 매출 1위의 브랜드임을 강조했다. 또한 고층 아파트에 적합한 솔루션이 있으며 한국에 많은 레퍼런스가 있음을 강조하여 기술력에서도 일본계 D사, M사에 결코 뒤지지 않음을 호소했다. 비딩에서의 제품 설명은 나름 선방했다.

이제 마지막 관문으로 경쟁사와의 피 말리는 정보전을 수반하는 가격전쟁이 남아 있었다. 경쟁사도 이번 프로젝트를 수주하기 위해 전략 가격을 준비하고 있다고 했다. 자사도 경쟁에 뒤지지 않게 본사와 협의하여 최대한 경쟁력 있는 가격을 준비했다. 디벨로퍼는 이번이 마지막 단계가 아니라 우선협상대상 업체를 두 곳 선정한 후 최종 업체를 선정한다고 했다. 1차 관문을 통과하지 못하면 끝장이었다. 그러나 우리가 지닌 카드를 다 쓰면 최종 업체 선정에서 기회를 잃을 수도 있었다.

여러 차례 가격 시뮬레이션을 하며 수주전을 준비했다. 견적서를 마감 시간보다 2시간 전에 준비하여 직접 들고 C디벨로퍼의 사무실로 향했다. 가는 도중 D사의 견적이 자사보다 낮게 책정되었다는 첩보를 들었다. 이제까지 몇 달을 준비한 수주전에서 탈락되는가 하는 우려감이 몰려왔다. 경쟁사의 첩보를 믿을 수도 안 믿을 수도 없었다. 그러나 이제는 더 이상 견적을 수정할 시간이 없었다. 최선을 다했으니 나머지는 하늘에 맡기는 수밖에 없었다. 1차 비딩은 C디밸로퍼, M컨설턴트 및 주요 이사회 멤버가 참석한 가운데 서류를 오픈했다. 예상대로 일본계 D사가 최저가를 제안했다. 프로젝트의 중요성을 고려하여 전략적인 가격으로 제안을 한 것이다. 자사는 다행히도 M사를 제치고 2등으로 통과했다. 하늘이 우리를 버리지는 않았다는 생각이 들었다. 본사에 1차 비딩 결과를 보고하고 다음번에는 자사도 반드시 수주할 수 있는 가격을 제시하기로 했다.

드디어 최종 비딩 날이 다가왔다. 컨설턴트는 최종 비딩에서 제품 공급, 설치 계획, 품질관리에 대한 보완 설명을 해달라고 요청하였다. D사는 이미 태국에서 다양한 레퍼런스와 납품 경험을 갖고 있었다. 그에 반해 자사는 태국에서 중소규모 프로젝트는 많이 수주하였지만 50층짜리 4동과 같은 대형 프로젝트는 수주한 경험이 없었다. 약점을 장점으로 덮어버릴 수 있는 방법을 찾아야 했다. 자사는 한국에서 프로젝트 경험이 많은 우수 엔지니어(senior engineer)가 설치 및 품질관리를 위해 이곳에 파견되어 있다는 점을 강조하고, 한국의 엔지니어링 노하우를 밀레니엄 프로젝트에 접목하여 최고의 설치와 감리를 통해 최상의 에어컨 품질을 만들겠다고 제안했다. 그리고 마지막으로 가격을 제출했다.

최종 결과를 기다리는 시간은 오히려 마음이 편안했다. 진인사 대천명이라고 했던가. 자사가 수주하면 무엇을 어떻게 해야 하는지 그려보며 결과를 기다렸다. 그리고 드디어 최종 결과가 담긴 메일이 도착했다. 영업사원의 함성이 들려왔다. 자사가 일본계 D사를 제치고 태국에서 대형 프로젝트의 레퍼런스를 만들 수 있는 기회를 잡은 것이다. 수주 소식을 접한 뒤 이번 비딩을 위해 그동안 고생한 영업사원, 기술지원팀들에게 먼저 감사를 표하고 본사에 간략히 보고했다. 수주하기까지 몇 달을 잠도 잘 자지 못하면서 고민했던 순간들이 성취의 기쁨으로 되돌아오는 순간이었다. 프로젝트 수주 후에는 본사 임원이 배석한 자리에서 디벨로퍼와 자사와의 밀레니엄 프로젝트 에어컨 납품 계약식이 이루어졌다. 수주 소식은 에어컨 업계의 빅뉴스로 퍼져나갔다. LG전자 브랜드가 에어컨 업계에 새롭게 인식되는 순간이었다.

프로젝트 건물 공사는 기존과 달리 엄청 빠른 속도로 진행되었다. 최신 건축공법을 사용하여 일주일에 한 층씩 공사가 진행되었다. 정말 자고 일어나면 한 층씩 올라간다는 말이 실감이 났다. 건물공사가 10층 이상 올라가면서부터 아래층은 전기 및 공조 관련 공사가 진행되었다. 초기에 덕트 및 배관공사 인원을 여유 있게 산정하여 현장 인원을 200명 규모로 투입하였다. 그런데 1개월 정도 지나고 나서 공정을 점검해보니 덕트 및 배관공사 공정의 진척이 느렸다. 태국의 설치 협력업체 인원의 기술이 기대에 못 미치는 수준이었다. 공정 납기를 맞추기 위해서 설치 인력을 두 배로 늘리고 법인의 감리 인원도 각 동별 1명씩 배치했다.

밀레니엄 프로젝트의 성공적 완수 여부는 태국에서 LG전자의 상업용 에어컨 사업의 운명을 결정할 정도로 중요했다. 에어컨 업계에서 이 프로젝트를 보면서 자사의 엔지니어링 능력을 평가할 수 있는 좋은 기회였다. 매일 일정을 마치고 나서 엔지니어들이 모여 공정마감회의를 실시했다. 당일 활동 내용을 점검하면서 익일, 일주일간의 계획 대비 진척 현황을 점검해나갔다. 그렇게 하루하루를 보내고 어느덧 약 20개월의 시간이 흘렀다. 중간에 인원이 부족하거나 자재 공급이 순조롭지 않아 어려움을 겪기도 했으나 모든 공정을 무사히 마무리하고 50층 규모의 웅장한 아파트 4동이 우뚝 솟게 되었다. 지금도 태국 출장 시 스쿰빗 거리를 지나다 방콕의 랜드마크가 된 밀레니엄 레지던스를 보면, 당시 프로젝트 수주를 위해 고민하고 노력했던 순간들이 떠올라 가슴이 벅차오르고 B2B 사업의 진정한 의미를 되새기게 된다.

key point

- ✔ 대형 프로젝트 수주를 위해서는 고객관계관리(CRM)를 통한 프로젝트 정보 수집이 중요하다.
- ✔ 대형 프로젝트는 레퍼런스로 인정받을 수 있도록 수주 후에도 설치, 감리 등 사후관리를 철저히 해야 한다.

사례 브랜드 차별화로 캄보디아에 진출하다

베트남 남부의 중심 도시는 호찌민 시다. 호찌민 시는 월남전 이전에는 사이공이라고 불렸다. 1975년 월남전 종료 이후 사이공의 이름을 베트남 독립 영웅인 호찌민 선생의 이름을 따서 호찌민 시로 부르게 되었다. 호찌민 시에서 차로 2시간이면 베트남과 캄보디아 국경에 이른다. 그래서 베트남의 호찌민과 캄보디아 프놈펜의 왕래가 잦다. 캄보디아는 아직 사업 인프라가 많이 부족하여 호찌민에서 사업을 하면서 캄보디아 진출을 노리고 있는 한국 기업들이 꽤 있다.

호찌민에서 에어컨 마케팅 매니저로 근무하던 시절, GS건설로부터 일본의 대형 소매유통체인인 이온(AEON) 그룹이 프놈펜에 대형 쇼핑몰을 세운다는 소식을 들었다. 이온몰 건설업체로 일본계 건설사를 제치고 한국의 GS건설이 수주를 하게 된 것이다. 이온몰의 공조시스템 관련 규모가 적지 않아 이온몰이 직접 발주를 한다고 했다. 건설사가 한국 기업이면 공조시스템도 한국 기업이 납품하지 못할 이유가 없다는 생각이 들었다. LG전자가 공조시스템을 제안할 수 있도록 다리를 놓아달라고 GS건설에 요청했다.

영업팀에게는 캄보디아의 이온몰 프로젝트 관련 공조시스템을 어떤 컨설턴트가 설계하는지 구체적인 정보를 파악하도록 요청했다. 영업팀이 파악한 정보에 따르면 일본계 컨설턴트인 구리하라의 베트남 법인이 공조시스템을 설계 중이라고 했다. 구리하라는 일본의 컨설턴트로 동남아시아 각국에서 영업을 하고 있었다. 마침 필자는 태국에 근무하던 시절 구리하라와 몇몇 프로젝트를 같이 추진한 경험이 있었다. 베트남 구리하라의 구체적인 정보를 파악하기 위해 직접 방문하기로 했다. 구리하라에 가서 자사의 공조시스템을 소개해주고 태국에서와 같이 베트남에서도 자사와 사업 관계를 잘 이어가보자고 했다. 또한 캄보디아 이온몰의 설계 진행 현황을 파악하기 위해 유도질문을 던져보았다. 그러나 구리하라는 칠러(chiller) 제품으로 이미 설계가 완료되었다고 하면서 구체적인 정보를 주지 않았다(대형 쇼핑몰의 홀이나 이벤트 공간처럼 대용량의 공조가 필요한 공간은 일반적으로 칠러 시스템을 설치한다). 아마도 일본계 칠러 업체의 영업사원이 이온몰 수주를 위해 영업을 하고 있는 듯했다. 다행히 이후 자사의 영업사원이 구리하라 디자이너를 통해 칠러 설계도면을 입수하여 이온몰 공조시스템의 구체적인 내용을 파악할 수 있었다.

이후 이온몰과의 접촉을 시도하기 위해 투자자인 이온몰 입장에서 프로젝트 추진 시 애로사항이 무엇인지 정리해보았다. 프로젝트 일정 준수와 예산 내 집행 사항이 먼저 떠올랐다. 그리고 입점업체 관점에서 보면 매장 내 온도 조절과 매장별 전기세 개별 청구서 발행 사항이 떠올랐다. 이러한 고객의 문제를 해결할 수 있는 자사 최적의 솔루션은 바로 멀티브이 시스템이었다. 멀티브이 시스템을 적용하면 매장별 온도 조절이 가능하고 전기세 청구서도 개별 발행할 수 있었다. 또한 자사는 GS건설과 일정을 원활히 조율하고 역량 있는 에어컨 설치 업체를 통해 납기 내에 공조시스템을 시공할 수 있었다. 이러한 점을 이온몰 측에 적극적으로 알리는 한편, 마지막 이슈인 예산 내 집행은 이온몰과 자사 간 전략적인 의사결정으로 풀어갈 수 있을 것 같았다.

다음으로, 칠러 시스템에 대응하여 자사의 멀티브이 시스템 설계를 완료하고 이온몰 의사결정자를 설득하는 제안서를 만들었다. 이온몰은 이미 구리하라에 수냉식 칠러로 공조시스템 관련 설계를 의뢰한 상태이므로, 자사가 공냉식 시스템을 제안하면 일본계 업체들과의 경쟁이 불가피한 상황이 진행될 것이었다.

GS건설의 협조로 이온몰 현장소장과의 미팅이 성사되었다. 캄보디아 현장에서 이루어진 미팅에서 우리는 자사의 멀티브이 시스템을 설치했을 때의 특장점을 이온몰 관점, 쇼핑몰 입점업체 관점에서 충분히 설명하고 자사의 레퍼런스 프로젝트를 보여주었다. 당시 자사는 베트남 최고의 랜드마크 빌딩에 멀티브이 에어컨을 납품하였으며, 태국의 밀레니엄 레지던스와 같은 대형 프로젝트의 설치를 진행한 경험이 있었다. 이온몰 현장소장은 자사의 프레젠테이션을 관심 있게 듣고 견적과 건설일정을 포함한 제안을 해달라고 했다. 그렇게 해서 우선 1차 관문을 넘겼다.

이후 이온몰 현장소장에게 받은 건축도면을 바탕으로 이온몰에 맞는 최적의 멀티브이 모델을 선정하는 작업에 들어갔다. 또한 건설일정에 맞출 수 있는 최적의 설치업체와 감리시스템을 어떻게 갖출 것인지 고민했다. 견적을 준비하는 도중에 GS건설로부터 이온몰 현장소장 일행이 차기 이온몰 부지를 확인하기 위해 호찌민 시에 온다는 소식을 듣게 되었다. 이온몰과의 관계를 친밀히 하고 이온몰이 원하는 부분이 무엇인지 파악할 수 있는 좋은 기회로 삼아야 했다. 이에 이온몰 일행이 방문했을 때 자사에서 저녁 식사를 제공하는 자리를 마련하기로 계획하고, 공항에서부터 최고급 차량으로 픽업해 한식당으로 안내했다. 일본인들의 구미에 맞도록 식당에 특별히 주문해 생갈비 구이를 내놓았는데, 이온몰 일행 모두 일본에서 먹던 와규보다 맛있다며 좋아했다. 특별히 준비한 술도 한 잔씩 마시면서 베트남의 사업 전망, 일본에서의 이온몰 현황 등을 소재로 즐거운 시간을 보냈다.

이온몰 현장소장이 가장 중요시하는 이슈는 일본 본사의 요청 일정에 맞추어 프로젝트 일정을 지키는 것이었다. 그래서 현장의 공사 일정을 맞추는 것이 무엇보다 중요했다. 자사는 프놈펜의 한국인 컨트랙터에게 설치공사 견적을 받고 현장 인력 확보를 요청했다. 한국계 컨트랙터는 태국의 밀레니엄 레지던스 프로젝트를 직접 공사·관리한 경험이 있어 현장 인력의 중요성을 잘 알고 있었다.

자사는 이온몰에 멀티브이로 견적을 제시하고 호찌민의 구리하라는 칠러로 견적을 제시했다. 최종 브랜드 결정을 앞두고 프놈펜에서 최종 미팅을 하자고 이온몰로부터 연락이 왔다. 이온몰은 어떻게 공사일정을 맞출 수 있는지 구체적인 안을 제시해달라고 했다. 자사는 프놈펜의 한국 컨트랙터를 통해 설치를 하고, 한국에서 설치품질관리사를 파견하여 공사기간 동안 현장에 상주하면서 설치 품질과 기간을 관리하겠다고 제안했다. 답변을 듣고 난 현장소장은 만족해하는 것으로 보였다. 다만 공기조화기(air handing unit, AHU)는 호찌민 소재의 업체에서 구매하라는 요구사항을 덧붙였다. 프놈펜에서의 미팅은 그렇게 끝이 났다.

그로부터 일주일이 지난 후, 자사의 멀티브이 시스템으로 최종 결정되었다는 메일이 왔다. 6개월간의 노력이 결실을 맺는 순간이 온 것이다. 그동안 애쓴 영업매니저와 팀원들의 역할을 치하하고 본사에 수주 보고를 하였다. 그런데 또 하나 넘어야 할 산이 기다리고 있었다. 본사에서는 캄보디아의 관할법인이 태국이므로 원칙적으로 해당 관할 국가에서만 영업을 해야 한다고 했다. 이온몰 프로젝트는 호찌민에서 GS건설사의 지원으로 비롯된 것이고 칠러 설계업체가 호찌민에 있어서 시작된 것인데, 단지 프로젝트 장소가 프놈펜이라는 이유로 관할법인에서 관리해야 한다는 것은 부당한 처사로 생각되었다. 그러나 본사에서는 향후 프로젝트 설치 이후에도 유지보수 및 추가 관리가 원활히 이루어지기 위해서는 관할법인에서 프로젝트를 맡는 것이 바람직하다고 하였다. 순간적으로 내가 수주한 프로젝트를 다른 법인에 넘겨주는 것 같아 받아들이기 어려웠다. 프로젝트 오너인 이온몰도 베트남 법인이 수주와 시공을 하길 원한다는 점을 본사에 강하게 어필했지만 소용없었다. 수차례 항변하였으나 본사의 답변은 변함이 없었다.

너무나 아쉽고 안타까운 상황이지만 더 이상 버텨봐야 아무런 이득이 없다는 생각이 들었다. 최종고객인 이온몰의 공사일정을 맞추는 것이 더욱 중요했으므로 프놈펜에서 그동안 진행했던 프로젝트 관련 사항을 태국 법인에 인계하였다. 어찌되었든 나와 팀원들의 노력으로 자사의 매출이 늘어나는 것이며, 우리가 들인 노력이 헛된 것은 아니라고 마음을 다잡았다.

key point

✔ 프로젝트 수주의 관건은 경쟁사와 차별화되는 솔루션으로 고객의 가치를 증대시키는 것이다.

✔ 프로젝트 수주 성공을 위해서는 지속적인 고객관계관리가 중요하다.

MARKETING STRATEGY

5장

B2B 성과를 창출하라!

1 파이프라인 관리

IT시스템의 발달과 더불어 많은 기업들이 혁신적인 생산시스템과 물류시스템을 도입하고, 아울러 ERP(enterprise resource planning) 시스템으로 통합을 하고 있다. 영업 부문에서도 SFA(sales force automation)와 같은 영업 자동화 솔루션을 도입하여 프로세스를 고도화하는 움직임이 일고 있다. 그런데 아직도 일부에서는 영업은 프로세스를 정형화하기 어려운 분야이며, 성과만 내면 되는 것 아닌가 하는 볼멘소리를 하기도 한다. 물론, 기업을 경영하는 데 매출은 가장 중요한 요소이다. 그러나 경영자는 매출 실적뿐만 아니라 매출 추이, 향후 예상매출액 등을 파악하여 지속 성장을 이끌기 위한 조치를 취해야 한다. 이를 위해서는 고객, 수주, 매출과 같은 영업 정보를 실시간으로 파악하여 이슈에 대응할 수 있는 시스템을 갖추어야 한다.

B2B 영업 시스템의 핵심은 파이프라인(pipeline) 관리, 핵심 고객 관리(key account management, KAM), SFA 등과 같은 영업 솔루션이라고 볼 수 있다.

파이프라인 관리란 영업 기회 발굴 → 제안 → 수주 → 매출 → 설치와 같은 일련의 영업활동을 구분하여 관리하는 것으로, 이러한 관리가 각 영업 단계에 따라 체계적이고 전략적으로 이루어짐으로써 매출 성공률을 높일 수 있다. 파이프라인 관리 방법에는 기업별로 차이가 있을 수 있다. 중요한 것은 파이프라인 단계를 명확히 정의하고, 전 영업 조직이 하나의 개념으로 파이프라인 프로세스를 혁신해야 한다는 것이다. 파이프라인 프로세스를 혁신하면 조직의 영업 프로세스를 표준화할 수 있고 그것을 통해 영업활동을 계획, 실행, 평가할 수 있는 체계를 만들 수 있다. 그리고 파이프라인 미팅을 통해 고객중심 영업활동, 실시간 고객대응을 할 수 있게 되어 영업 생산성이 높아진다. 한편 파이프라인 시스템 관리를 통한 영업의 판매 예측 기반 강화로, 기업은 미래 예측 능력이 향상되고 올바른 의사결정을 할 수 있게 된다.

1-1 파이프라인으로 영업 프로세스를 혁신하라

영업 조직 내에 파이프라인에 대한 충분한 이해가 없다면 사원들은 영업활동을 하기도 바쁜데 파이프라인과 같은 관리업무를 부과한다고 불평할 수도 있다. 이와 같은 불평이 조직 내에 팽배해지면 파이프라인은 성공하기 어렵다. 따라서 영업을 책임지는 영업총괄이나 CEO는 파이프라인의 중요성과 운영방안에 대해서 조직원들에게 충분히 설명하고 이해시켜야 한다. 조직 내 최고의 영업사원이라도 파이프라인 관리를 하지 않으면 해고할 정도로 파이프라인이 영업 조직 내부의 프로세스로 자리 잡을 수 있도록 해야 한다.

기업의 모든 활동이 영업의 파이프라인을 기반으로 움직이도록 해야 한다. 파이프라인 관리는 고객중심의 영업활동을 가능하게 하므로 고객의 이슈에 대해 파이프라인 미팅을 통해 해결책을 도출할 수 있는 커뮤니케이션 도구로 활용하도록 해야 한다. 영업 조직의 회의 내용이 파이프라인 중심 활동으로 이루어지도록 변화하고 관리해야 하며, 회의에서는 매출실적과 같은 결과 중심적 논의가 아니라 영업 기회의 발굴 과정에 대해 코칭하고 고객대응 전략을 수립하는 과정 중심적 논의가 이루어져야 한다.

조직의 최고 책임자에서부터 영업팀장에 이르기까지 파이프라인을 이해하고 코칭할 수 있어야 한다. 따라서 모든 구성원들을 대상으로 파이프라인 시스템, 수요예측관리, 고객시장분석, 수주성공사례 등이 교육되어야 한다. 통상 영업 조직은 타 부서 대비 인원 변동이 많다. 영업 조직에서 신규 인원을 채용하는 경우에는 OJT(on the job training) 시에 파이프라인 교육을 실시하여 그 중요성을 인식시켜야 한다. 또한 정기적인 교육 프로그램을 통해 보수교육을 실시하여 사원들이 파이프라인이 영업활동의 주요 업무임을 인식하고 실행할 수 있도록 이끌어야 한다. 영업팀장과 임원진은 영업사원의 활동을 파이프라인 중심으로 보고받고 코칭함으로써 영업 조직 전체가 파이프라인 중심의 영업문화를 만들어갈 수 있도록 지원·관리해야 한다.

1-2 파이프라인으로 영업성과를 높여라

영업의 생산성을 높이고자 하는 기업은 업무 프로세스에서 비영업적인 요소를 줄이고, 목표와 실적에 대한 보상을 실시하며, 영업지원시스템을 구축해야 한다. 파이프라인이 효율적인 영업지원시스템으로 자리 잡기 위해서는 영업 조직 내에서 팀장과 사원이 파이프라인을 중심으로 커뮤니케이션해야 한다. 파이프라인이 업무 소통의 수단이 되어야 하는 것이다. 팀장은 파이프라인 중심으로 사원을 코칭하여 성과를 높일 수 있도록 이끌어야 한다.

파이프라인 코칭에는 지켜야 할 기본 룰이 있다. 영업팀장은 영업사원과 정해진 시간에 파이프라인 미팅을 일대일로 실시하며, 프로젝트 건별로 진행사항을 공유하고 고객의 요구사항을 파악하며 대응방안을 협의한다. 영업사원을 코칭할 때는 사원의 월 마감목표를 달성하기 위해 수주가 가능한 프로젝트를 우선 점검하고, 진행 중인 프로젝트는 어떻게 수주로 연결시킬 것인지 협의한다. 파이프라인의 영업 기회를 발굴하여(access) 제안 후 수주(award)하기까지의 성공 가능성은 업종별, 경쟁상황별로 차이가 있으나 전반적으로 30% 이하다. 따라서 영업사원의 목표가 정해지면 파이프라인의 액세스 금액이 수주목표 금액의 4배에 이르는 프로젝트를 발굴하도록 가이드한다.

파이프라인 미팅은 주기적으로 동일한 포맷으로 상향식으로 전개하고 프로젝트 건별로 중요도를 고려하여 고객의 니즈, 고객의 이슈, 솔루션 중심으로 협의해나가야 한다. 성과가 높은 영업사원은 파이프라인 관리의 정보를 충실하게 파악하고 활용한다. 즉 프로젝트별로 고객의 구매 사이클을 이해하고, 고객의 예산을 파악하며, 구매의 키맨이 누구인지 파악하고 고객의 니즈에 기반한 솔루션을 제공한다. 그리고 프로젝트 진행 현황을 수시로 팀장에게 보고하면서 필요한 사항을 지원받는다. 영업사원이 파이프라인에 입력해야 할 필수 정보를 충분히 파악하지 못하거나, 성실히 입력하지 않을 경우 팀장 이상의 관리자는 정보 부족으로 잘못된 판단을 내릴 수 있다. GIGO(garbage in, garbage out)라는 말이 있듯이 영업사원은 자신이 파악한 프로젝트 정보를 충실히 입력하여 팀장 및 조직원들과 공유하고, 팀장은 영업사원의 활동내용을 파이프라인 정보를 중심으로 파악하고 파이프라인 시스템을 중심으로 코칭하는 것이 중요하다. 이로써 파이프라인이 원활히 운영될 수 있다. 영업팀장이 파이프라인 코칭을 포기하거나 소홀히 하는 순간, 파이프라인은 관리가 되지 않아 오히려 경영층에 잘못된 정보가 공유될 수 있다. 따라서 영업팀장은 파이프라인을 중심으로 영업사원과 커뮤니케이션하고 영업사원의 성과를 높이기 위한 툴로 파이프라인을 잘 활용해야 한다.

2 B2B 성과 모델

B2B 사업은 지속성을 유지하는 것이 매우 중요한데, 사업 성과는 고객을 통해서 나오므로 꾸준한 고객관리가 무엇보다 중요하다. 고객관리에 있어서 기존고객을 잘 관리해도 매년 고객의 20~30%는 매출이 역신장하거나 경쟁사로 이탈한다. 경쟁사의 영업활동으로 고객을 빼앗길 수도 있고, 자사의 영업이나 서비스 방식에 불만을 품고 경쟁사로 제품 구매처를 바꾸는 경우도 있다. 따라서 영업사원은 잠재고객을 신규고객으로 발굴하는 활동을 지속적으로 해야 한다. 대체로 신규기업 비율을 30% 정도 확보하고 있으면, B2B 사업의 성장 동력을 확보하여 지속성을 유지할 수 있을 것이다.

그렇다면 어떻게 영업성과를 높일 수 있을까? 다음 그림은 영업

성과를 결정하는 요인을 나타낸 SPC(sales performance chain) 모델★로 이를 통해 통합적 관점에서 영업성과를 이해할 수 있다.

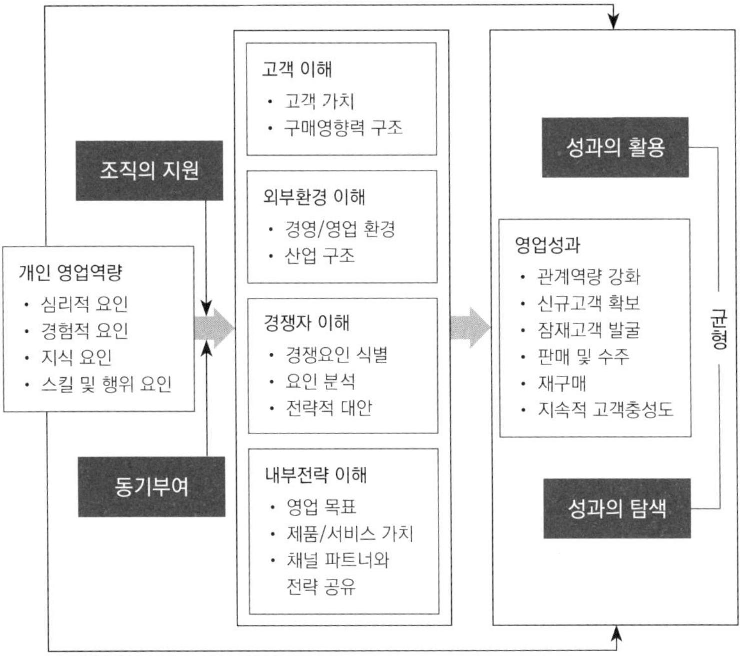

[그림 5-1] 통합적 B2B 분석 모델- SPC

B2B 영업성과를 높이는 요인으로 개인의 영업역량을 들 수 있는데, 이는 스스로의 동기부여와 조직의 지원을 통해 확장될 수 있다. 동기부여가 되지 않는 영업사원은 조직의 많은 지원에도 불구하

★ 서울과학종합대학원의 구자원 교수가 2015년 7월 〈동아 비즈니스 리뷰〉 181호에 소개한 모델이다.

고 성과를 내기 어렵다. 동기부여와 조직의 지원을 통해 영업역량이 확장된 개인은 고객에 대한 이해를 기반으로 외부환경, 경쟁사 동향에 근거한 내부 영업전략을 수립하여 영업성과를 높여나갈 수 있다. 영업성과 지표로는 관계역량 강화, 신규고객 확보, 기존고객을 통한 수주 및 매출, 지속적 고객충성도 등을 관리할 수 있다.

SPC 모델에서 보듯이 B2B 마케팅에서 성과를 내기 위해 가장 중요한 것은 영업사원과 고객관리이다. 명확한 목표가 주어졌을 때 목표를 달성하는 영업사원이 있는가 하면 그러지 못하는 사원이 있다. 목표를 달성하는 우수한 영업사원은 경쟁사에서 눈여겨보기 마련이다. 이러한 사원이 경쟁사로 이탈하면 단순한 영업력의 손실뿐만 아니라 그가 관리하던 거래선도 이탈할 가능성이 높다. 따라서 우수한 영업사원에게는 성과에 대한 보상, 교육기회 확대와 같은 지원으로 동기를 부여함으로써 경쟁사로 이탈하지 않도록 관리해야 한다. 한편 목표를 달성하지 못하는 영업사원에 대해서는 그 원인이 개인의 역량 부족인지, 심리적 요인인지, 조직적인 지원 부족인지 등을 파악하여 적절한 지원을 통해 목표를 달성할 수 있도록 이끌어야 한다.

고객관리 측면에서 볼 때 고객관리 프로그램을 활용하여 우수고객은 지속적으로 유지하고 신규고객을 늘려나가야 한다. 그러나 기존고객의 일정 부분은 저성과 거래선 퇴출 또는 자사의 영업정책 불만, 서비스 불만, 영업사원 이탈 시 동반 이탈 등 다양한 이유로 빠져나가게 된다. 따라서 이탈 거래선의 매출을 상회하는 신규 거래선 발굴이 중요하다. 영업 조직 내에 신규 거래선 발굴팀을 구성하여 신규 거래선을 지속적으로 발굴해나가야 한다. 이때 기존 영업팀에 매출목표와 신규 거래선 발굴 미션을 주면 신규 거래선 발굴 성과를 내기 어렵다. 영업사원들이 매출목표 달성에 집중하는 경향이 있기 때문이다. 그러므로 영업팀 내에 신규 거래선 발굴 전담 인원을 선정하여 신규 거래선 발굴에 집중하도록 해야 한다. 그런 다음 이후에 신규 거래선의 사업이 정상 궤도에 오르면 기존 영업사원에게 인계하고, 새로운 거래선을 발굴하도록 영업사원의 목표 관리를 진행해야 한다.

결론적으로 B2B 성과 관리는 영업사원의 동기부여를 통한 매출 확대, 고객관계관리(CRM)를 통한 지속적인 매출 창출, 신규 거래선 발굴을 통한 성장 기반 마련이 선순환 구조를 이루어나가도록 하는 것이다.

사례 태국 에어컨 마켓셰어 1등에 도전하라

에어컨 사업을 하는 사람들은 흔히 냉동년도라는 개념을 사용한다. 에어컨 시즌이 끝나는 9월부터 시작해서 이듬해 8월까지를 에어컨 영업의 냉동년도로 구분한다. 즉 9월부터 4개월간은 다음해 에어컨 사업을 준비하는 시기이며, 1월부터 6월까지는 에어컨 사업성과를 내는 시기이다. 3월 말에 1분기 마감을 하면서 성과를 리뷰하고 2분기 전략을 조정하여 상반기를 마감한다.

2003년에 필자는 본사 해외영업에서 파키스탄과 이란 시장을 담당했다. 상반기 파키스탄에서 에어컨 공장을 가동하며 성수기에 매출이 증대될 수 있도록 지원해 실판매를 챙겼고, 이란에서는 자사 에어컨 사업의 매출 성장으로 D거래선이 에어컨 회사를 분사하여 역대 최고의 매출을 거두었다. 상반기 매출 마감 후 팀장님과 면담을 하면서 상반기 실적과 하반기 활동계획을 간단히 보고했는데, 이야기를 다 들으신 후 태국으로 발령을 낼 테니 하반기에 부임하라고 말씀하셨다. 중동 담당자가 태국 부임이라니 뜻밖의 소식이라 생각해보겠다고만 답하고 자리를 나왔다. 그때까지만 하더라도 태국에 대해서는 시장상황도 전혀 모르고 태국에서의 근무를 염두에 둔 적이 없었다. 이후 아시아팀에 확인해보니 태국 공장에서 에어컨 생산을 하고 있는데 사업 확대를 위해 마케팅 매니저로 발령내는 것이라고 하였다. 나로서는 좋은 경험이 될 것이라는 판단과 함께 팀장님께서 배려를 해주셨으니 기회를 잡아야겠다는 생각이 들었다.

2003년 8월 태국에 부임해서 에어컨 사업 현황을 파악해보니 만만치가 않았다. 연간 에어컨 판매수량이 4만 대이며 시장의 마켓셰어는 3% 수준이었다. 일본계 브랜드인 미쯔비시와 파나소닉이 이미 30여 년간 태국 에어컨 시장에서 사업을 해오고 있었으며, 로컬 브랜드인 사이조 덴끼(Saijo Denki, 태국 브랜드이나 브랜드명을 일본 브랜드명처럼 운영함)를 비롯해서 10여 개 브랜드가 포진하고 있었다. 사업 관점에서 에어컨 10만 대 미만의 사업은 손익을 내기도 쉽지 않으며 사업적으로 큰 의미가 없었다. 따라서 태국 에어컨 시장에서 브랜드 마케팅을 강화하고 단기간에 10만 대 판매 돌파를 달성하는 일이 시급했다.

경쟁사들은 매년 수백만 달러에 달하는 비용을 투입하여 에어컨을 광고하고 있었고 오랫동안 지속된 광고로 브랜드 입지가 확고한 상황이었다. 태국 에어컨 사업을 단기간에 정상 궤도에

올리기 위한 계획을 준비했다. '에어컨 판매목표 10만 대' 달성 계획을 세우고 본사 보고를 준비했다. 자사가 태국에서 에어컨 생산판매 주요 브랜드로 자리 잡기 위해 대대적인 브랜드 마케팅을 통한 매출 증대가 필요하다고 보고했다. 법인에서 TV광고 등 브랜드 마케팅 비용으로 xxx만 달러를 투자하고자 하니 본사에서 마케팅 전략펀드로 50%를 지원해달라고 요청했다. 본사의 해외영업담당자는 태국 시장의 성장성을 보고 우선 xxx만 달러를 본사에서 지원해줄 테니 법인에서 수익을 내 마케팅 투자를 하라고 하였다. 부족하지만 그래도 본사의 지원에 감사하며 에어컨 10만 대 매출 전략을 수립하고 실행에 들어갔다.

제품 측면에서는 태국 공장에서 신제품 개발 및 생산을 준비하고 있어 좋은 계기가 될 듯했다. 가장 중요한 것은 채널 확보였다. 채널을 보니 자사의 에어컨 채널이 미약했다. 특히, 지역별 에어컨 전문채널 확보가 중요했다. 이를 위해 에어컨 조직을 현재의 가전영업 조직에서 에어컨 영업팀장 중심으로 분리해 신속한 의사결정이 이루어질 수 있도록 했다. 에어컨 영업팀 중심으로 지역별 우수 에어컨 딜러를 확보하고, 마케팅 전략을 수립하고, 태국에서 자사 최초로 에어컨 전문 딜러 컨벤션을 열기로 했다.

2개월 동안 마케팅 전략 수립(제품·가격 포지셔닝, 로드쇼 준비 등), 딜러 컨벤션 이벤트 업체 선정, 전시제품 준비 등을 위해 정신없이 뛰어다녔다. 드디어 일본계 경쟁사들보다 앞서 11월에 신제품 전시를 알리는 자사의 딜러 컨벤션 행사가 열리고 200여 명 이상의 에어컨 딜러들이 참석했다. 딜러들은 LG전자의 에어컨 기술이 대단하다며 감탄하면서 언제 제품이 출시되는지, 가격은 어떻게 되는지 큰 관심을 보였다. 기자단도 열심히 사진을 찍으며 자사의 에어컨 사업 전략과 관련해서 질문을 쏟아냈다. 행사는 성공적이었다. 10만 대 매출목표 달성을 위한 주사위가 던져진 것이다. 상반기 동안 경쟁사의 이변만 없다면 목표가 손에 잡힐 듯했다.

그러나 생각하지 못한 곳에서 문제가 발생했다. 신제품 개발이 완료되어 12월부터 생산을 약속한 공장에서 부품 수급일정에 문제가 생겨 생산일정을 맞추지 못했다. 그로 인해 딜러 컨벤션 시 주문받은 물량 납품에 차질이 생겼다. 1월부터 제품을 공급해야 하는데 생산일정이 2월로 늦춰진 것이다. 1월 매출실적 달성은 고사하고 출발부터 거래선과의 약속을 지킬 수 없는 상황이 벌어져 매우 안타깝고 화가 났다. 매일같이 공장에 전화해 생산일정을 점검해도 최대한 맞추겠다는 형식적인 답변만 반복될 뿐이었다.

도저히 그냥 앉아서 기다릴 수가 없어 하루는 밤 8시가 넘어 방콕 사무실에서 라용 공장까지 2시간 거리를 차로 달렸다. 영업은 매출 차질로 인해 속이 타는데 공장은 왜 이렇게 일정을 관리하지 않는지 따져 묻고 싶은 심정이었다. 그러나 차 안에서 이런저런 생각이 들었다. '공장에서 일정을 맞추고 싶지 않아서 늑장을 부리겠는가? 피치 못할 사정이 있는 것이겠지.' 공장의 동료들 역시 나처럼 밤늦도록 일을 붙잡고 있을 것을 생각하니 고맙고 또 고맙다는 생각이 들었다. 가는 길에 내려 박카스 2박스를 샀다. 10시가 넘어 공장에 도착하니 아니나 다를까 대

낮처럼 환하게 불을 밝힌 채 동료들이 에어컨 생산에 열을 올리고 있었다. 밤늦게까지 일하고 있는 동료들에게 어떻게 납기를 지키라고 무조건 다그칠 수 있겠는가. 그냥 수고한다는 한 마디만 건네고 박카스를 두고 나왔다. 그들도 내가 이 늦은 시간에 왜 왔는지, 무슨 말을 하고 싶은지 다 알 것이다.

우여곡절 속에 에어컨이 2월에 생산되어 거래선에 공급되고 판매가 시작되었다. TV와 신문에 브랜드 광고도 하여 유통까지의 제품 판매(sell-in)는 순조로웠다. 유통에서의 에어컨 실판매(sell-out)가 부진한 지역은 직접 방문하여 거래선의 상황을 점검하고 판매 촉진을 위해 무엇을 지원하면 되는지 확인했다. 가능한 한 많은 지원으로 거래선의 매출 확대를 이끌어내고자 했다. 특히, 거래선 매출 중 자사 브랜드 비중이 10%를 넘는 곳에는 자사 에어컨 대리점의 간판을 설치하고 전시대를 제공해주는 등 적극적인 마케팅 지원을 하였다.

1년을 마감하는 시점에서 성과를 살펴보니 10만 대 목표에는 아쉽게도 미치지 못했다. 지난 1년을 돌아보며 반성할 점과 다음해 사업을 위해 개선해야 할 점이 무엇인지 정리했다. 한편으로는 태국의 에어컨 사업을 본격적으로 확대하면서 나름의 성과를 거둔 점도 있었다. 마케팅을 통해 브랜드 이미지를 제고하고 유통에서 긍정적인 반응을 이끌어냈으며, 매출 2배 성장의 결실을 거두어 영업사원들에게 사업의 미래를 보여주고 자긍심을 북돋워줄 수 있었다.

영업 2년차에는 똑같은 실수를 하지 않기 위해 제품 공급 부분을 더욱 충실히 챙겼다. 에어컨 성수기에 시장조사를 통해 자사 제품의 판매동향을 점검하고 추가로 필요한 마케팅 프로모션 활동을 실시하면서 차년도 사업 성장을 위한 준비를 했다. 신제품(아트쿨 에어컨) 출시를 6개월 앞두고 고객 수용성 및 컬러 선호도를 조사하여 태국 고객이 선호하는 세 가지 색을 확인했다. 아트쿨 프리미엄 에어컨은 자사 에어컨의 야심작으로 기능적 요소뿐만 아니라 방과 거실에 예술작품을 전시하는 것과 같은 이미지를 소구하고자 했다. 고객의 가격수용성 조사를 통해 에어컨 업계 1등인 미쯔비시 에어컨과 동등한 가격 전략을 취하고 프리미엄 브랜드화하고자 하였다.

다른 가전제품과 달리 에어컨은 현장 설치 및 가동으로 판매가 완성된다. 제품의 품질은 공장에서 관리하지만 설치 품질은 설치 현장에서 완성해야 한다. 신제품 아트쿨 출시에서 가장 중요시한 요소가 바로 설치 품질이었다. 고객들에게 방이나 거실에 예술작품과 같은 에어컨을 놓는다는 이미지를 심어주어야 하기 때문이었다. 그래서 기존 에어컨 판매와 달리 설치 품질을 유지할 수 있는 아트쿨 딜러를 육성하였고, 자사가 아트쿨 딜러의 설치 인원 전원을 대상으로 차별화된 설치 교육을 실시하게 하였다. 한편, 고급 빌라를 건축하는 디벨로퍼들을 대상으로 아트쿨 에어컨을 통해 프리미엄 빌라 이미지를 구축하도록 마케팅 활동을 벌였다. 디벨로퍼를 주로 공략하는 프로젝트팀을 운영하며 아트쿨 판매를 독려했다.

이와 같이 특화된 신제품 판매를 통해 태국 에어컨 시장에서 프리미엄 브랜드 이미지를 구축하고 매출도 성장할 수 있는 계기를 마련하였다. 태국에 에어컨 마케팅 매니저로 부임하여

5년간 브랜드 이미지 제고를 위해 다양한 마케팅 활동을 벌이고 성과를 창출하기 위해 힘썼다. 지난 5년 동안 매출은 금액기준 x배 성장하고, 12명으로 시작한 영업 조직은 50여 명의 직원들이 함께 하는 에어컨 전담 조직으로 확대되었다. 또 지역별로 우량한 거래선을 확보하여 사업의 안정성을 갖추게 되었다. 우량 거래선 확보는 B2B 사업을 성공으로 이끄는 지름길이다. 거래선을 관리하는 것은 영업 조직의 역량이다. 50여 명의 영업사원들이 에어컨 사업을 확장시키고 성공으로 이끌어가는 견인차 역할을 한 것이다. 사업 성공의 관건은 사람이라는 말을 다시금 깨닫게 된다.

key point

- ✔ 성공적인 영업활동의 기반은 자사의 영업사원을 역량 있는 영업 전문가로 육성하는 것이다.
- ✔ 영업 성공의 관건은 고객관계관리다. 기존고객 관리를 통해 성과를 창출하고 신규고객 발굴을 통해 성장의 발판을 마련하는 것이다.

사례 대만 에어컨 시장에 진입하라

대만은 아열대성 해양기후로 여름에 고온다습하여 상업용 건물에 에어컨이 필수적으로 설치되어야 하는 곳이다. 과거 일본의 영향권 아래 있었기 때문에 히타찌(Hitachi), 미쯔비시(Mitsubishi), 다이킨(Daikin) 등 쟁쟁한 일본의 에어컨 기업이 사업을 하고 있으며, 삼포(Sampo)와 같은 로컬기업이 몇몇 있다. 특히 히타찌는 1965년부터 대만에 에어컨 공장을 세우고 50여 년 이상 대만 시장에서 에어컨 국민 브랜드로 사업을 리딩해왔다. LG전자는 2000년대 초반에 대만에서 에어컨 사업을 시작했으나 대만의 에너지 효율 규제와 경쟁사의 공격적인 영업활동 등으로 사업이 제자리를 찾지 못하고 있었다. 그러나 대만은 아시아의 선진시장으로 시장규모로 볼 때 자사가 포기할 수 없는 시장이었다. 이에 자사는 상업용 에어컨 사업을 확대하기 위해 다양한 방법을 검토했다. 그 결과 자사가 직접 에어컨 사업을 하기보다는 대만의 유력한 거래선(distributor)을 발굴하여 사업을 개시하는 쪽으로 방향을 정했다.

시장조사팀을 구성하여 거래선 발굴 활동을 시작했다. 몇 개의 후보기업 중에서 자사와 가장 사업 가능성이 있는 회사는 T그룹이었다. T그룹은 미쯔비시 에어컨의 거래선으로 상업용 에어컨을 판매하고 있으며, T그룹 회장은 자사의 상업용 에어컨에 깊은 관심을 보이고 있었다. 두 회사 간 관심사가 맞아떨어져 실무대표 간 협의를 하고 양해각서(memorandum of understanding, MOU)를 체결하며 사업이 급속도로 추진되는 듯했다. 자사는 기존의 회사와 별도로 자사 상업용 에어컨 판매회사를 설립하여 시장을 확대하기를 요청했다. T그룹에서 우수한 영업, 엔지니어링 인력을 보강하여 조기에 회사 설립을 추진키로 하였다.

드디어 영업적인 이슈를 마무리하고 계약서(distributorship agreement) 초안을 준비해 거래선에 전달한 후 양사 법무팀에서 계약서 검토가 진행되었다. 계약서를 검토한 후 T그룹의 법무팀은 대만시장의 독점권 부여와 계약해지조항 수정을 요청했다. 독점권 부여는 회사 차원에서 검토해야 하는 사안이며 내부적인 의사결정이 필요한 사항이었다. 자사는 독점권 이슈를 계약서에 포함시키지 않고 영업적으로 T사에게만 공급하는 것으로 하자고 제안했으나, T그룹은 계약서에 독점권 부여를 명기하여 진행하자고 하였다. 두 회사의 법무팀을 통한 계약서 검토는 끝이 날 줄 몰랐다. 우리 측 법무팀이 계약서 초안을 검토하고 의견을 주는 데 약 1개월이 걸리고, 그것을 T그룹에 전달하면 그곳에서도 약 1개월의 시간이 소요되어 계약서만 몇 번 주고받다가 1년의 시간이 흘렀다.

더 이상 독점권 이슈로 시간을 끌 수가 없었다. 이 시점에서 명확한 방향 설정이 필요했다. T사를 직접 만나 자사 상업용 에어컨에 대한 사업 의지를 확인하고 해결방안을 강구해야 했다. T그룹과 미팅을 하기 위해 실무책임자로서 내가 대만으로 향했다. 이번 미팅이 마지막이 되는 것은 아닌지 부담이 되었다. 미팅 자리에 나가보니 T그룹은 이미 신규회사 설립을 마쳤으며 CEO도 내정되어 있어 CEO와 협의를 진행하게 되었다. 실무적으로 독점권 이행은 한시적으로 매출목표와 연동하여 진행하는 것으로 협의하였으며, 제품 규격 인증 진행상황을 파악하고 초기 물량안을 협의했다. 상담을 마치려고 하는데 T그룹 회장이 직접 미팅에 참석하기 위해 오고 있다고 하였다. T그룹 회장은 대만 상공회의소 상임고문으로 대만 전자업계의 대부로 알려진 사람이다. 모습을 나타낸 회장은 자사가 요구하는 부분을 바로 실행하겠다고 하면서 사업 추진 의지를 표명했다.

출장에서 돌아와 이슈가 되고 있는 독점권 조항은 계약기간을 명시하여 해당 기간 중에 매출목표를 달성하지 못하면 계약이 종료되는 것으로 내부적으로 보고하고 의사결정을 받았다. 이렇게 해서 길고 긴 협의 과정을 마무리하고 계약서 최종 검토를 마무리했다. T그룹의 에어컨 회사 CEO와 자사의 대만 법인장이 양 사 대표로 계약서에 서명을 하고 2년에 걸친 거래선 선정 작업이 마무리되었다. 이제 구체적인 물량을 최종 정리한 후 공장에서 제품을 생산·공급함으로써 정상적인 영업 프로세스대로 사업이 흘러가게 되었다. 이처럼 문화가 다른 두 국가의 기업 간 계약서 체결은 매우 중요한 사항이다. 과거 어느 국가에서 영업사원이 내부 의사결정 과정을 거치지 않고 자사를 대리해 독점권을 부여하는 문서를 보낸 적이 있다고 한다. 문서는 법인의 인감이나 서명이 없이 진행되었음에도 불구하고 거래선이 해당 국가의 법원에 소송을 제기하여 그 문서가 법적으로 유효하다는 판결에 따라 문서에 명시된 독점기간인 5년간 해당 국가에서 영업활동을 할 수 없는 상황이 발생되기도 하였다.

계약서는 계약 당사자가 최악의 상황을 고려하여 기업 간 문서로 합의하는 행위이다. 계약 당시에는 당사자 모두 우호적인 상황에서 계약을 체결하지만 사업을 하다 보면 예기치 않은 상황이 발생할 수 있고 그 상황을 영업적으로 해결하지 못하는 경우 분쟁이 생길 수 있다. 두 기업 간에 분쟁이 일어나면 통상 제3국에서 법적인 소송까지 가는 상황이 발생하기도 한다. 국제소송이 진행될 경우 장기간 소송을 준비하고 대응해야 하는데, 막대한 비용이 발생하며 소송 기간 동안 사업을 할 수 없는 상황이 발생할 수도 있다. 따라서 국가 간의 계약서는 반드시 법무팀의 검토를 거쳐 불미스러운 일이 발생하지 않도록 철저히 확인한 후 사업을 진행해야 한다.

영업은 신규 시장 개척 시 거래선과 계약서 내용을 협상하고 계약을 체결하기까지의 프로세스를 충분히 이해하고 있어야 한다. 또한 의사결정권자를 설득하는 과정도 충분히 숙지하여 원활하게 커뮤니케이션할 수 있어야 한다. B2B 마케팅에서 이러한 업무는 거래선을 발굴하고 영업활동을 해나가는 것 못지않게 중요하다. 이를 유능하게 처리할 수 있을 때 진정한 프로 영업사원으로 거듭날 수 있다.

key point

- ✔ 신규 시장, 신규 거래선 발굴 시 계약체결 프로세스를 충분히 숙지하고 협상에 임해야 한다.
- ✔ 계약서 체결 시 향후 분쟁이 발생하지 않도록 계약서에 대한 법무 검토를 진행하자.

3 B2B 인재 육성

조직을 운영하는 데 중요한 세 가지는 사람, 프로세스, 시스템이다. '조직은 사람이다'라는 말이 있듯이 가장 중요한 것은 사람이다. 사람이 사람 간의 관계를 통해 성과를 만드는 것이다. 사람이 일을 하는 방법을 정리한 것이 프로세스이며, 이 프로세스를 원활히 하기 위해 시스템으로 지원하여 성과를 내도록 하는 것이다.

B2B 사업에서는 특히 영업사원의 역량이 중요하다. 기업의 영업사원은 고객의 문제를 발견하고 그 문제를 해결하여 고객을 만족시키는 역할을 해야 한다. 영업사원은 고객만족에 대한 책임을 지고 있기 때문에 컨설턴트로서 고객의 문제를 해결해주고자 하는 태도와 영업활동에 전력하는 에너지, 이 모두를 지녀야 한다. 한편, B2B 비즈니스는 통상 고객사의 구매센터를 통해 이루어지는데 구매센터 구성원의 역할에 따라 개별 고객의 니즈가 다르기 때문에 고객 공략의 포인트도 달라야 한다. 구매센터 내의 제안자(연구개발)는 제품의 타당성을 가장 중시하고, 사용자(생산부서)는 사용 편리성·유지보수 편리성을 중시하며, 구매결정자(구매팀)는 이성적이고 합리적인 가격을 중시한다. 따라서 영업사원은 고객별 다양한 욕구를 이해하고, 상호 신뢰와 신속한 반응을 통하여 고객과 장기적인 관계를 형성하는 관계지향적 영업을 수행해야 한다.

영업사원이 충실히 수행해야 할 역할은 다음과 같다.

- 첫째, 자사의 제품과 서비스가 고객의 목적 달성에 어떻게 기여하는지를 고객에게 보여주어야 한다. 기술지향적 제품의 경우에는 신기술, 신제품의 전문지식을 제공함으로써 고객에게 기술적인 신뢰를 확보해야 한다. 그리고 고객의 다양한 구매 대안에 대해 컨설턴트 역할을 수행해야 한다.
- 둘째, 공급하는 제품의 설치, 유지보수와 관련하여 이슈가 발생했을 때 문제 해결의 창구 역할을 해야 한다. 제품 공급 후 타 시스템과의 연동이나 제품 운전과 관련해서 설치를 지원하고, 유지보수에 문제가 없도록 조치해야 한다.
- 셋째, 필요시 고객을 공장이나 레퍼런스 프로젝트 등에 초청하여 자사 제품의 우수성과 안정성에 대한 신뢰를 주어 고객이 제품, 서비스에 대해 확신을 갖도록 해야 한다.
- 넷째, 고객사와 자사의 중간자 입장에 서서 상호 간에 발생되는 이슈를 조정하는 역할을 수행해야 한다.

영업사원으로서 이러한 역할을 충실히 수행하면 고객의 신뢰를 얻고 수주 성과를 거둘 수 있다. 그리고 더 나아가 고객과 지속적 장기적 사업 관계를 만들어갈 수 있다.

3-1 영업사원 관리

영업사원을 관리할 때는 영업전략에 따라 조직의 인원과 역할과 책임(role & responsibility, R&R)을 설계하고, 그에 맞춘 인재를 선발·육성하며, 평가와 보상을 실시해야 한다. 영업사원을 채용할 때는 R&R에 맞추어 선발하고 입사 후에는 B2B 영업사원 교육을 실시해야 한다. 교육은 단순히 자사의 제품과 서비스에 대한 것을 넘어서 고객을 이해하고 고객에게 컨설턴트 역할을 할 수 있도록 다양한 영업 스킬과 노하우를 전달해야 한다. 영업사원의 핵심성과지표(key performance indicator, KPI) 수립을 통해 고객별 방문주기, 일일 고객방문횟수, 방문 시 체류시간 등을 효율적으로 시간 관리할 수 있도록 지원한다. 영업사원은 총 가용시간의 25% 이상의 시간을 고객 방문에 사용하도록 해야 한다. 방문 전에는 고객 방문 전략을 수립하는데 고객 응대, 수주 확정, 보고서 작성, 내부 오더 프로세싱과 같은 절차의 방법과 시간을 구체적으로 기록하고 분석하여 성과를 높이도록 한다.

성과를 창출하는 영업사원을 육성하기 위해서는 동기부여 및 성과에 대한 보상체계가 명확해야 한다. 영업사원의 평가는 객관적인 평가가 가능하도록 핵심성과지표, 즉 KPI 설정을 명확히 해야 한다. 영업 업무에 따라 판매 보고, 파이프라인 관리, 고객별 방문주기, 고객 설문조사, 신규고객 발굴, 고객 이탈, 고객 피드백 등 KPI를 수립하고 주기적으로 진행 현황을 점검하며 영업사원에게 피드백해주어야 한다. KPI를 수립할 때는 영업사원의 매출, 수주금액 등 결과 중심적으로 설계하는 것을 지양해야 한다. 결과는 영업사원의 활동 내용으로 나올 수도 있으나 그와 상관없이 운이 좋아서 얻을 수도 있다. 결과가 좋지 않더라도 영업사원이 충실히 활동을 했다면 그 부분도 정당한 평가를 받아야 한다. 따라서 KPI를 수립할 때 결과뿐만 아니라 활동 내용의 충실성을 고려하는 영업활동 과정도 함께 평가해야 한다.

영업사원에 대한 평가는 객관적이고 공정하게 이루어져야 한다. 평가자의 감정이나 개인적인 이해관계가 개입될 경우 조직의 불만요인이 될 수 있으며 조직원들의 사기 저하로 연결될 수 있다. 따라서 평가자는 항상 공정성을 잃지 않도록 주의해야 한다. 가능하면 평가 결과에 대해 피평가자와 면담을 실시하여 상호 간에 이해를 이끌어내고 향후 더욱 좋은 평가를 받기 위한 피드백을 하는 것이 좋다.

평가가 이루어진 뒤에는 결과에 따라 합당한 보상이 주어져야 한다. 큰 성과를 거둔 영업사원에게는 그에 걸맞은 보상을 제공하여 조직 내 보상에 대한 동기부여가 될 수 있도록 한다. 영업사원이 생각하는 보상으로는 금전적인 것이 가장 우선으로 나타났으며 다음으로 승진, 개인적 성장, 성취감 순으로 나타났다. 특히 고성과자에게는 금전적인 보상을 실시하고 고성과 사례를 조직원들과 분석·공유한다. 이를 통해 고성과가 지속적으로 유지될 수 있도록 하며 영업사원들의 성과 향상을 위한 본보기 사례가 되도록 관리한다. 성과에 대한 보상은 금전적 보상 이외에도 승진, 개인적 성장 기회 부여와 같은 비금전적 보상도 함께 고려하여 영업사원들이 자신들이 조직 내에서 인정받는 인재라고 느끼고 동기부여가 될 수 있도록 해야 한다.

3-2 핵심고객 관리

이탈리아의 경제학자인 빌프레도 파레토(Vilfredo Pareto)가 주장한 80:20 법칙은 전체 성과의 대부분이 몇 가지 소수의 요소에 의존한다는 의미를 담고 있다. 이를 마케팅 분야에 적용하면 매출 성과의 80%는 상위 20%의 고객에서 나온다고 볼 수 있는데, B2B 사업에서도 이 법칙은 적용된다.

B2B 고객에는 매출의 상당 부분을 차지하는 소수의 핵심고객(key account)이 있다. 이들 핵심고객에 대해서는 특별한 관리를 통해 지속적으로 거래 관계를 유지해야 한다. 핵심고객과는 TMM(top management meeting)을 실시하는 등 고객과의 관계 강화를 위해 힘쓰며, 사소한 것이라도 고객의 불만에 귀 기울이고 솔루션을 제시해주어야 한다. 또한 필요시 고객의 요구사항에 신속하게 대응할 수 있는 핵심고객관리(key account management, KAM)팀을 구성한다. KAM팀은 영업뿐만 아니라 마케팅, 회계, 물류 등 다양한 분야의 인원으로 구성하여 고객의 요구에 신속하게 대응할 수 있을 뿐만 아니라 고객에게 부가가치를 창출할 수 있도록 한다.

고객이 여러 가지 불만을 제기할 경우에는 수용 가능한 것, 검토가 필요한 것, 불가능한 것을 구분하여 개선하고 피드백하자. 그리고 고객의 요구사항은 작은 것이라도 되도록 바로 실행하고 개선한 결과를 피드백하자. 이러한 활동들이 쌓일 때 고객의 신뢰를 얻을 수 있다. 고객과의 관계에서 신뢰를 쌓는 것은 사업이 지속적으로 성장할 수 있는 기반을 다지는 것이다.

3-3 영업 조직의 형태

영업 조직은 지역전문 조직, 제품전문 조직, 고객전문 조직으로 나눌 수 있다. 이는 기업의 규모, 자원, 제품 특성, 시장 특성, 고객의 구매패턴, 유통 상황 등 기업이 처한 상황에 따라 최적의 선택을 하는 것이다.

영업 조직의 형태별 특징을 살펴보면 다음과 같다.

- **지역전문 조직**

  B2B 기업의 가장 일반적인 영업 조직 형태로, 영업사원들은 일정 지역에 대한 책임을 부여받고 지역 내 고객들과 커뮤니케이션을 실시한다. 지역전문 조직은 동일 지역 내에서 고객을 관리하므로 이동 시간과 거리 측면에서 효율적이다. 그러나 다수의 제품을 한 영업사원이 취급할 경우 고객의 요구사항에 대한 기술적 대응이나 컨설팅 역량이 미흡해질 수 있다는 단점이 있다.

- **제품전문 조직**

  영업사원이 특정 제품을 전문화하여 영업하는 것이다. 기업의 제품 매출규모가 판매를 전문화할 만큼 크거나, 제품 간 판매 조건이 다르고 고객이 다른 경우에 운영하는 조직이다. 제품전문 조직은 고객이 원하는 제품에 대해 컨설팅을 해줄 수 있다는 장점을 지닌다. 그러나 동일 고객에게 복수의 영업사원이 활동하기 때문에 상이한 영업정보나 거래조건 등으로 자칫 고객의 불편을 초래할 수 있다.

• **고객전문 조직**

단일 고객의 매출규모가 크고 고객의 니즈와 전문성이 필요한 경우에 운영한다. 예를 들어, 화학 산업과 같이 소수의 고객이 매출의 대부분을 차지할 경우에는 고객을 밀착 관리할 수 있고 고객의 니즈를 파악해 조기 대응할 수 있다는 점에서 고객전문 조직이 장점을 지닌다. 그러나 영업 조직 내에 관리의 비효율이 발생할 수 있다.

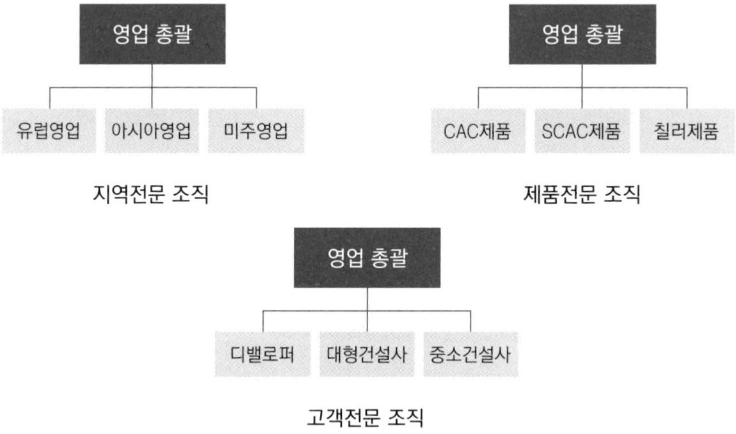

[그림 5-2] 영업 조직의 세 가지 형태

최근에는 영업 조직의 효율적이고 탄력적인 운영을 위해 가상(virtual) 조직을 운영하는 기업이 늘고 있다. 영업의 필요에 따라 제품전문 조직의 사원이 단기 팀으로 고객전문 조직의 구성원으로 활동하고, 특정 미션이 완료된 경우에는 제품전문 조직으로 복귀하는 등 가상 영업 조직을 운영하는 것이다. 요컨대 영업 조직은 조직 내에서 최대의 효과를 낼 수 있는 조직으로 운영하는 것이 바람직하며 필요에 따라 지역전문 조직, 제품전문 조직, 고객전문 조직을 보완하여 탄력적으로 운영하는 것이 효율적이다.

3-4 인사 조직의 업무

'인사(人事)가 만사(萬事)'라는 말이 있을 정도로 인사정책은 조직의 성쇠에 중요한 역할을 한다. 해외의 우수한 기업에서는 인사 조직의 수장이 기업의 2인자로서 확고한 위상과 권한을 행사한다고 한다. 조직의 구성에서 CEO 다음으로 조직관리, 인사관리 등을 통해 회사를 가장 효율적으로 운영하기 위한 전략을 고민하기 때문일 것이다.

HR(Human Resources) 관련 업무에는 주로 인사, 교육, 노경, 총무 등의 업무가 해당된다. 통상적으로 해외 판매법인은 본사의 지침에 따라 업무를 진행하고 국가별 인사 특성, 정서를 일부 반영하여 인사 업무를 진행하는데, 이때 해외의 인사 기능은 자율성이 떨어지고 수동적인 업무를 할 우려가 있다. 해외에 나간 한국기업은 곧 글로벌 회사이다. 이런 점에서 본사는 글로벌 회사의 인사 지침에 대해 기본적인 틀만 정해주고 현지 법인 인사의 자율성을 인정해주는 것이 좋다. 그래야 직원의 동기부여, 성과에 기여할 수 있다. 회사의 전반적인 운영이 인사 업무와 관련되어 있으므로 튼튼한 인사 조직 기반을 갖추면 조직은 안정적인 성장을 할 수 있다.

그렇다면 인사 조직은 어떤 일을 해야 하는 것일까? 인사 조직의 주요 업무를 하나씩 살펴보자.

- **채용**

인사 조직이 담당해야 할 첫 번째 주요 업무는 채용이다. 인사 조직은 명확한 방향을 지니고 각 사업별로 우수한 인재를 뽑아야 한다. 우수한 인재를 시장에서 구할 수 없다면 육성해야 한다. 어떻게 우수한 인재를 채용해야 할까? 흔히 조직에서 범하는 중요한 오류는 조직 내 연봉수준을 고려하여 인원을 채용하고자 한다는 것이다. 예를 들어, 에어컨 분야의 경우 가전 업계 기존 인원과의 형평성을 고려한다는 점에서 그렇게 하는데, 사실 사업의 특성상 모바일, 시스템에어컨, 디스플레이 제품 등 전문분야가 있고 전문분야의 인원 수급이 제한된 시장에서 역량 있는 인재의 몸값은 가전과 다를 수밖에 없다. 시장의 평균적인 임금체계도 두세 배까지 차이가 날 수밖에 없다. 따라서 이러한 시장의 구조에 맞춰 우수한 인재를 채용하고 그 인재가 역량을 발휘할 수 있도록 도와야 한다. 단순히 직원의 수가 많은 것이 중요한 것이 아니라 성과를 낼 수 있는 직원 수가 중요하며, 조직의 역량을 높여 성과를 내는 것이 가장 중요한 인사 원칙이라고 볼 수 있다.

- **교육 및 학습**

인사 조직이 담당해야 할 두 번째 주요 업무는 교육 및 학습이다. 아무리 우수한 인재를 영입했다 하더라도 조직에 적응하지 못하면 성과를 내기 어렵다. 따라서 인사 조직은 직원들이 조직에 잘 적응할 수 있도록 배려하면서 그에 적합한 교육을 실시해야 한다.

교육을 통해 획일화된 조직의 부품형 인간을 육성하는 것이 아니라, 조직과 조화를 이루며 융합할 수 있는 능력을 키우고 각자의 자질을 발휘할 수 있도록 이끌어주어야 한다. 해외 지사의 경우 기본적인 인사 관련 교육을 실시하지 않고 부서 배치 후 현업부서에서 OJT를 통해 교육을 실시하기도 하는데, 이는 조직에 대한 이해보다는 조직 내 부품으로서 기능하기 위해 필요한 부분적인 교육을 받는 것에 그칠 수 있다. 요컨대 인사부서에서는 인원 채용에 따른 기본적인 프로그램을 갖추고 이를 지속적으로 교육해야 한다. 일본의 다이킨(Daikin)은 경력사원을 채용하지 않고 모두 신입사원을 채용한다고 한다. 경력사원들은 이전 회사의 경험을 버리기 어렵기 때문이다. 그래서 신입사원을 채용하여 다이킨의 철학과 업무 기반 지식을 6개월간 철저히 교육시킨다고 한다.

시장과 고객은 고정되어 있는 것이 아니고 지속적으로 변해가며 기술 트렌드도 변한다. 이러한 상황에서 영업사원은 업무 성과를 향상시키기 위해 지속적인 학습을 해야 한다. 학습하지 않는 조직은 성장하기 어렵다. 해외 지사의 직원 교육 및 학습이야 말로 본사의 명확한 가이드와 함께 현지 상황에 맞는 효율적인 운영이 이루어져야 하는 분야다.

• **평가**

인사 조직이 담당해야 할 세 번째 주요 업무는 평가다. 직원들의 퇴직률이 높은 원인 중의 하나는 업무에 대한 평가가 제대로 이루어지지 않기 때문이다. 자신의 성과에 대해 조직이 제대로 인정해주지 않으면 조직에 대한 충성심이 생기지 않으며 그 정도가 심하면 조직을 떠나게 된다.

평가는 인사 부서의 업무 중 가장 어려운 과제라고 할 수 있겠다. 한 사람이 조직원 모두를 평가한다면 그나마 일관성을 유지할 수 있으나 규모가 큰 조직에서는 불가능한 일이다. 조직 책임자별로 다수의 평가자가 조직원을 평가하게 되는데, 이때 가장 중요한 것은 책임자들이 공정한 평가기준을 공유하는 것이다. 출발이 같으면 보다 공정한 평가를 할 수 있다. 따라서 조직 책임자들이 공정한 평가를 할 수 있도록 평가 기준과 요소 등에 대한 교육이 선행되어야 한다. 성과를 창출하는 우수 인재를 잃지 않고 성과를 발휘할 수 있도록 하기 위해서는 평가의 객관성이 보장되어야 하며 평가 결과도 피평가자와 공유하고 피드백하는 절차를 만들어가야 한다.

- **보상**

인사 조직이 담당해야 할 네 번째 주요 업무는 보상이다. 성과에 대한 평가가 공정하게 이루어졌다면 그에 걸맞은 보상 역시 실행되어야 한다. 우수성과자와 역량이 있는 직원들의 노고를 인정해 주고 적절한 보상을 해주어야 한다. 한편, 보상을 실시할 때는 역량과 성과를 구분해서 하는 것이 좋다. 성과에 대해서는 금전적 보상을 지불하고, 역량에 대해서는 승진 기회를 제공하는 식으로 행하는 것이다. 역량이 있고 성과를 내는 직원에게는 금전적 보상과 승진의 기회를 모두 주는 것이 이상적이다.

우수한 성과를 내는 사람은 개인의 역량만으로 성과를 내는 것은 아니다. 개인의 역량이 물론 중요하지만 조직적인 지원이 함께 수

반되어야 한다. 따라서 인사 조직은 우수한 성과를 낸 개인과 팀을 어떻게 보상할 것인지를 함께 고려해야 한다. 역량이 있으나 조직의 이슈 또는 외부환경 등으로 성과가 부진한 직원에게는 승진의 기회를 부여해주어야 한다. 승진을 통해 개인의 잠재역량을 인정해주고 역량을 발휘할 수 있는 기회를 주어야 한다.

다년간의 B2B 사업의 경험을 돌이켜볼 때, 인사 조직의 주요한 업무는 곧 영업사원을 춤추게 하는 것이라는 생각이 든다. 영업사원 입장에 서서 그가 역량을 최대한 발휘할 수 있도록 인사 정책을 수립하고 실행해야 한다. 인사 조직이 조직원에 대한 채용, 교육, 평가, 보상 업무를 잘하면 사업 성장은 반드시 이루어질 것이다.

3-5 성과 창출의 첫걸음은 이것부터

영업을 하는 데 가장 기본은 고객의 얼굴과 이름을 기억하는 것이다. 성과 창출의 첫걸음은 고객을 기억하는 데서 시작된다고 볼 수 있다. 자신을 기억하고 자신의 이야기에 귀 기울여주는 영업사원에게 고객은 마음을 열기 마련이다. 그런데 영업사원들은 워낙 여러 사람을 만나고 관리하다 보니 자칫 이 기본적인 일을 놓치고 실수를 범하기도 한다. 해외 고객들과의 만남이 잦았던 필자 역시 고객의 이름과 얼굴을 헷갈려 민망한 상황을 몇 번 겪었다. 이후 고객을 만나고 난 뒤에는 이름, 얼굴 등과 연관 지어 고객의 특징을 메모하고 기억하는 습관을 들이고 있다. 다음은 고객을 기억하는 데 유용하게 활용할 수 있는 몇 가지 방법이다.

- **인상**

고객과의 첫 만남에서 인상(image)을 파악하기 위해 고객에게 집중한다. 고객의 얼굴, 인상에 집중하여 고객의 특징을 발견하자. 우리의 눈으로 고객의 이미지를 사진 찍는다고 생각하자. 눈을 감고도 고객의 모습이 떠오를 수 있도록 노력해보자. 그리고 고객의 이름과 매칭시켜 기억하자. 사정이 허락하면 고객에게 요청하여 기념사진을 같이 찍은 후 해당 사진을 SNS를 통해 고객에게 전달한다. 자신과 고객이 함께 있는 사진은 서로를 기억하게 만들 수 있는 좋은 자료가 되며, 이후의 만남에서도 그 사진을 소재로 대화를 이끌어낼 수 있다.

- **반복**

고객과의 대화 도중에 고객의 이름을 반복적으로 불러준다. 자신의 이름이 자주 불리면 고객은 대화에 관심을 갖고 집중하게 된다. 예를 들면 "처음 뵙겠습니다. 이행복 선생님", "직함이 어떻게 되지요? 이행복 선생님" 하면서 반복하는 것이다. 이름이 기억나지 않는다고 해도 당황하지 말자. 과거에 만난 시기, 장소, 대화내용 등이 기억난다면 그것을 먼저 얘기하면서 이름을 물어보도록 한다. "지난봄에 강남 세미나에서 뵈었지요? 제가 얼굴은 기억하는데 성함이 기억나지 않네요. 죄송하지만 성함을 다시 한 번 말씀해주시겠습니까?" 이렇게 상대에게 관심을 가지고 있다는 것을 드러내면서 정중히 물으면 대부분의 고객은 호의적으로 응대한다.

한편, 중요한 고객과의 미팅일 경우 이름, 지난 미팅 이력 등 가능한 정보를 파악하여 고객에게 최대한 호의를 보일 수 있도록 한다. 사교모임 등에 참석하는 경우 사전에 참석자 명단을 입수하여 이름, 직업, 현황 등 가능한 정보를 미리 파악해두는 것이 좋다.

• **연상**

고객의 이름을 듣고 연상(association)되는 이미지나 말 등이 있다면 이름이나 인상과 연결해보자. 예를 들어 '이성원'이라는 고객을 만났을 때 "선생님은 주변에 성원해주는 분이 많으시겠네요" 하고 말을 건네면서 이름을 기억한다. 또 '김창수'라는 이름을 듣고 "고객님 혹시 김구 선생님과 인척이 되시나요? 김구 선생님의 어린 시절 이름이 김창수였다고 하는데요"라고 연결 지어 본다. 고객의 한자 이름을 풀어 기억해볼 수도 있다. '오창일(嗚昌日)'이라는 분을 만난 뒤 '오! 창창한 해'라고 풀고 해의 이미지를 연상해 머릿속에 기억하는 식이다.

3-6 고성과자의 특징

영업의 세계는 냉정하다. 성과가 매출이라는 숫자로 바로 나타나기 때문이다. 고성과를 내는 영업사원은 인정을 받는 반면 저성과자는 조직 내에서 불안함을 감수해야 한다. 그렇다면 어떻게 영업에서 고성과를 낼 수 있을까? 영업 단계마다 승리하는 것도 좋지만 최종적으로 승리하여 성과로 연결시키는 것이 무엇보다 중요하다. 최종적으로 성과를 창출하는 고성과자의 특성을 살펴보자.

- 첫째, 고객과의 동등함을 추구한다.

  영업을 할 때 고객의 의견은 매우 중요하다. 그러나 성과를 내는 영업사원은 '고객의 말이라면 무조건 맞다'고 받아들이는 것이 아니라, 자신(회사)의 의견을 명확히 전달하고 서로 소통하려 힘쓴다. 고객의 의견은 항상 존중하지만 무조건 복종하지 않고 고객과 동등한 가치로 스스로를 존중한다.

- 둘째, 고객의 의사결정에 도전한다.

  성과를 내는 영업사원은 고객의 이슈에 대하여 전문성과 지식을 갖추고 있으며 솔루션에 대한 강한 자신감을 갖고 있다. 따라서 고객의 잘못된 결정에 도전하는 것을 불편해하지 않고 올바른 솔루션을 제시한다.

- 셋째, 고객 미팅을 철저히 준비한다.

  성과를 내는 영업사원은 고객의 이슈에 대해 사전에 철저히 준비하고 시나리오를 만들어 고객과 미팅을 한다. 준비된 영업사원의 노련함은 고객에게 신뢰를 안겨주고 성과로 연결된다.

- 넷째, 솔루션을 도출할 수 있는 질문을 한다.

  어떠한 문제가 발생했을 때 많은 영업사원들이 문제의 원인을 파악하는 질문에 집중한다. 반면, 성과를 내는 영업사원은 고객이 원하는 바를 파악할 수 있는 질문을 던짐으로써 고객이 원하는 방안을 찾아 해결한다.

- 다섯째, 이슈 종료 시까지 처리한다.

어떠한 이슈가 발생했을 때 신속히 해결하지 않고 방치하거나 책임 있게 마무리하지 않으면 고객의 신뢰를 잃을 수 있다. 성과를 내는 영업사원은 이슈가 마무리될 때까지 세심하게 배려하고 최선을 다해 후속 처리한다.

마치는 글

B2C 사업 성장의 한계에 부딪힌 많은 기업들이 B2B 사업으로 영역을 확장하여 빠른 성과를 내고자 하고 있다. B2B 사업에 대한 관심과 기대는 앞으로 더욱 높아지고 확산될 것으로 보인다. 이러한 변화는 B2B 사업에 몸담고 있는 사람으로서 반가운 일이 아닐 수 없다. 그런데 한편으로는 이러한 변화의 흐름이 B2B 사업에 대한 충분한 이해가 없는 상태에서 지나치게 단기적인 성과에 치우쳐 확산되는 것이 아닌가 우려되기도 한다. B2B 사업은 단기간에 승부를 가르는 분야가 아니다. 기업 간의 거래가 일회성 거래로 그치는 것이 아니라 장기적이고 지속적인 관계를 통해 거래효율을 높이고 성과를 만들어가는 윈-윈 방식으로 진행되어야 하는 분야다.

B2B 사업은 새롭게 등장한 사업이 아니며 기존에 기업과 기업 간 거래가 진행되고 있던 부분이 그동안 크게 주목받지 못했던 것이다. B2B 마케팅을 단순히 납품업체 업무로 인식하는 등 B2B 사업에 대한 전략이 부족했고, 그로 인해 B2B 역량을 갖춘 전문가가 성장하지 못했으며, B2B 마케팅에 대한 구체적인 연구가 활성화되지 못했다. 그러나 이제 B2B 사업의 성장을 위해서는 기업들이 B2B 사업을 위한 전략을 수립하고, B2B 사업의 로드맵에 근거하여 B2B 마케팅 전문가를 육성해야 한다. 그리고 훈련받은 B2B 마케팅 전문가들이 국내에서뿐만 아니라 해외에서도 다양한 사례를 경험하고 사례를 축적하면서 B2B 사업 성공의 발판을 마련해야 한다.

필자는 B2B 사업, 특히 상업용 에어컨 B2B 사업을 해오면서 마케팅을 효율적으로 진행하고 성과를 극대화하고 싶은 마음이 간절했다. 그 마음을 품고 새로운 시장을 개척하고 국가별 마케팅을 하면서 다양한 성공과 실패를 경험했다. 이 책은 그러한 나의 경험이 B2B 마케팅 활동을 통해 사업을 일구는 사람들의 실무에 조금이나마 도움이 되기를 바라는 마음에서 적어나간 기록이다. 부족하나마 현장에서 배우고 느낀 사례를 가능한 한 많이 담고자 하였다.

B2B 마케팅 분야에서 학문적으로, 실무적으로 뛰어난 분이 많은데도 불구하고 부족한 나의 기록을 세상에 내놓는다고 생각하니 두려움이 앞선다. 책의 내용과 사례가 부족함에 아쉬움이 많이 들지만, 애초에 B2B 업계의 선배가 후배에게 들려주는 경험담처럼 편하게 읽고 이해할 수 있는 이야기를 써보자고 마음먹었던 것을 떠올리며 스스로를 다독여본다. 아무쪼록 B2B 마케팅 현장에서 바삐 움직이고 있는 독자들의 업무 향상과 성과 창출에 이 책이 조그마한 도움이라도 될 수 있기를 바란다. 그럴 수 있다면 책을 쓴 사람으로서 그보다 더 좋고 감사한 일은 없겠다.

이 책에 언급된 내용과 사례는 필자의 경험을 기반으로 하였으나 여러 가지 사유로 실명을 밝히지 못한 부분이 있다. 그리고 B2B 마케팅 개념이나 이론을 설명하는 데 관련 서적을 참고하여 집필하였음을 밝힌다. 참고한 서적에 대한 사항은 참고문헌에 표시해두었으니 B2B 마케팅에 대해 더 깊은 이해를 구하고자 하는 독자는 살펴보시길 바란다. 아울러 책을 보시다가 필자에게 건넬 의견이나 충고, 질책이 있다면 언제든 전해주시길 바란다. 달게 듣고 보완해나갈 것이다. 책의 내용 중 오류가 있거나 잘못된 내용은 전적으로 저자의 책임이다.

앞으로 B2B 마케팅은 비즈니스 관점에서 그 중요성이 더욱 부각될 것이라 믿는다. 이 책의 독자들이 B2B 마케팅의 리더로 발돋움하여 한국 B2B 사업을 한 단계 성장시켜나가기를 기대한다!

2019년 6월

노윤호

참고문헌

- 구자원, 최용주, 전중훤 (2014). 《B2B 영업전략》. 한나래플러스.
- 김덕오 (2013). 《B2B영업 한비자에서 답을 찾다》. 미래지식.
- 메리 조 해치. 메이켄 슐츠 (2010). 《기업 브랜드의 전략적 경영》(정창훈, 권오영 역). 비즈니스 북스.
- 박세정 (2017). 《마케팅&영업 파이프라인을 구축하라》. 책과나무.
- 이마무라 히데아키 (2007). 《보스턴컨설팅그룹의 B2B 마케팅》(정진우 역). 비즈니스맵.
- 이장석 (2018). 《세일즈 마스터》. 진성북스.
- 이진국 (2015). 《B2B 이미 하면서도 당신만 모르는 세일즈》. 박영사.
- 전동균, 신용필, 박면식 (2014). 《일주일에 완성하는 B2B 마케팅》. 교보문고.
- 전동균, 오은주, 신용필, 오현주 (2011). 《B2B 마케팅 원리(제2판)》. 학현사.
- 전병옥 (2018). 《케미컬 마케팅》. 알렙.
- 필립 코틀러, 발데마 푀르치 (2007). 《B2B 브랜드 마케팅》(김민주, 김선희 역). 비즈니스 맵.
- 필립 코틀러, 케빈 레인 켈러 (2006). 《마케팅 관리론》(윤훈현 역). 피어슨에듀케이션코리아.
- 한상린 (2011). 《B2B 마케팅》. 21세기북스.